认识自己、表达自己、欣赏自己、爱自己，

是每个女生的成长课，

愿我们都成为闪闪发光的"她"♡

做女孩可太棒啦

我很喜欢我自己

傅首尔童书团队 著绘

国际文化出版公司
·北京·

图书在版编目（CIP）数据

做女孩可太棒啦. 我很喜欢我自己 / 傅首尔童书团队著绘 . -- 北京：国际文化出版公司，2023.12
ISBN 978-7-5125-1594-9

Ⅰ. ①做… Ⅱ. ①傅… Ⅲ. ①女性 - 青春期 - 健康教育 - 通俗读物 Ⅳ. ① G479-49

中国国家版本馆 CIP 数据核字（2023）第 233752 号

做女孩可太棒啦

作　　者　傅首尔童书团队
责任编辑　戴婕
出版发行　国际文化出版公司
经　　销　国文润华文化传媒（北京）有限责任公司
印　　刷　雅迪云印（天津）科技有限公司
开　　本　700 毫米 × 980 毫米　　16 开
　　　　　　12 印张　　400 千字
版　　次　2023 年 12 月第 1 版
　　　　　　2023 年 12 月第 1 次印刷
书　　号　ISBN 978-7-5125-1594-9
定　　价　118.00 元（全四册）

国际文化出版公司
北京市朝阳区东土城路乙 9 号　　邮编：100013
总编室：（010）64270995　　传真：（010）64270995
销售热线：（010）64271187
传真：（010）64271187-800
E-mail：icpc@95777.sina.net

傅首尔童书团队

多乐尔
Happier

知名作家、辩手傅首尔带领的原创童书团队。倡导“好好读书，好好生活”。致力于为少年儿童创作有价值观、有方法论、有趣味、有温度的多维度好内容。

总策划

傅首尔

出生于安徽省宣城市泾县，作家、辩手，同时也是一个母亲。自2012年起出版多部小说、随笔集；2020年，获得《奇葩说》第七季总决赛冠军，“BBKing”称号。经常在节目和文章中分享自己与孩子“多乐”的有趣交流，以鲜活、真实的观点和独到的育儿见解深受妈妈和孩子们的喜爱，被观众和网友亲切地称为“傅妈”。

序

我叫满天星，就职于女孩成长部。这是一个不为人知的组织，所有工作和活动都是秘密进行的。但有一点我可以透露，那就是无论哪种工作形式，我们的任务都是帮助每个女孩健康快乐地长大。

巧合的是，我就职后的第一个任务目标，就是我的表妹，小叶子。

小叶子今年刚上小学四年级，是一个善良敏感的小姑娘。由于身份的便利，我决定潜入小姨家，“埋伏”在小叶子身边……

这本手账是我的工作档案，详细地记录了我和小叶子之间讨论过的所有话题。这可是机密中的机密。

欢迎你打开这本手账。那些萦绕在心头的疑惑、说不出来的心情和无法解决的问题，在这里，你都有可能找到答案。

嘘，我的任务已经开始了——

多说几句

这是我工作记录的第一部分。在这一部分，我会帮助小叶子从内到外好好认识自己。

每个人都是独一无二的。有时候，我们会因为别人的声音、大众的标准或者自己内心的各种比较而忽视和迷失了最真实的自己，无论何时，最重要的还是要和自己对话，和自己好好相处。

目录

01 认识自己的容貌：我是80亿人中的唯一

每个人眼中的好看可能都不一样

你觉得雀斑难看，但我觉得很好看。这是为什么呢？

因为好看不是一种确定的样子，它是一种感受。我们会习惯于把我们感觉和谐、协调、匀称一点的外貌称为好看。因为每个人的感受不一样，所以每个人眼中的好看也不一样。

追求自己认为的好看是天性，但也要好好问一下自己，你的这种感受是不是你本来就有的，还是说，在你没有察觉的时候，受到了别人的影响？

有时候，我们错把别人的感受当成自己的想法

我们最初对于好看、不好看的标准是纯凭感受的，但后来，随着听到的声音越来越多，我们开始摇摆不定，一不留神，就会放大别人的声音，忽视自己的声音。

不可否认，如果大多数人都觉得某一种容貌是好看的，那么这个时间，在这个地方，好看的标准就应运而生了。但无论这个标准是什么，我们都不能任由它占据我们心里最重要的位置，而是要过滤掉别人的声音，找到最初的感觉。

大众审美有很多种，也不是一成不变的

在我们身边，可能认为有雀斑不好看的人更多，但在有些国家，人们反而认为有雀斑有魅力，有雀斑就转变为大众审美了。同样地，在现代，很多人以瘦为美，但在唐朝，人们却以胖为美；有些地区觉得皮肤白很美，有些地区又觉得皮肤黑更美。你看，大众审美无处不在，但又随着地区和时代的不同发生着变化。

自信才是美丽的秘诀

这些人长得都不一样，甚至可以说毫无相似之处，但他们都展现出一种非比寻常的美丽。这份美丽凝结在饱满的精神状态中，汇聚在会说话的眼睛中，跳跃在上扬的嘴角中。这份美丽的秘诀，就是自信。

你的脸上有几粒雀斑，如果你把它们当作缺点，总是低着头、掩藏它们，那么你也藏起了自己的信心和勇气，让自己变成模糊的灰色，暗淡无光；如果你把它们当作特点，当成你在茫茫人海中独一无二的标志，那么你会为它们感到自豪，抬起头，面带笑容地给大家展示它们，这时候，它们会让你散发光芒，为你平添一份辨识度，让别人在初次见面时就能记住你。

“你说小叶子啊，那个脸上有一些雀斑、很可爱的小女孩是吗？我记得她！”

02 认识自己的优点：找到自己的闪光点

上次送给小叶子的照片，她好像很喜欢，总是翻来覆去地看。

小叶子看得很入迷，可是不知为何，她的神情中好像闪过一丝失落。
哎，大家都有优点，真好。
怎么听起来你觉得自己没有呢？
我是比较普通啊，长得一般，成绩也一般，也没有什么拿得出手的爱好，不像小茉莉。她超厉害的，长得漂亮，会跳舞，还会弹钢琴，更厉害的是，她还会做甜品，上次我去她家，她做的蛋糕特别好吃！
哈哈，可是上次小茉莉来咱家，我倒是听她说你很厉害。
小叶子人缘很好的，大家都喜欢和她玩。她特别大方，也很爱帮助别人，还很细心、很负责，上次我们班票选保管班费的同学，小叶子的票数遥遥领先。我就特别粗心，我可离不开她！
有时候，我们会放大别人的优点，而忽视了自己的优点。

别忽视自己的优点

有时候我们会觉得别人很棒，自己不够棒，其实并不是真的这样。是因为当我们发现别人身上的一些优点，尤其是这些优点我们不具备的时候，我们心理上倾向于把这些优点放大，自己再为其加上很多滤镜。而对我们自己身上已有的一些优点，却常常因为太熟悉了，我们反而视而不见。

其实对于别人而言，我们自己也是一个很棒的“别人”，所以，如果你不是很清楚自己有什么优点，可以去问问熟悉的人。你自己都没放在眼里的优点，在别人那里可能大放异彩哦！

内在美——藏在深处，但更有力量

别小瞧善良，它代表着一种更有力量的优点——“内在美”。

我们常常在书本或者大道理中读到，“内在美”很重要。可是，“内在”到底是什么？它又是怎样让人觉得“美”的呢？

内在呢，简单来说，就是我们的性格、品德等外表没法一目了然的东西。而内在美，就是在这些方面**正面、阳光、积极**的特质。这个特质可能是好的性格，比如**大方、热情**或者**有耐心**等；也可能是好的品德，比如**助人为乐、公平正直**或者**善良勇敢**等。当我们呈现这样的特质时，我们会带给别人美好的相处感受，呈现出一种别样的美。

1. 如果我们大方，别人会觉得被包容，从我们身上能感受到微风般亲和的美；
2. 如果我们热情，别人会觉得被点燃，从我们身上能感受到火焰般炽烈的美；
3. 如果我们正直，别人会愿意付出信任，从我们身上能感受到青石般坚定的美；
4. 如果我们勇敢，别人会不自觉追随，从我们身上能感受到波涛般一往无前的美。

内在美的确看不见，也不会有分数高低或者名次排名，但它足以成为让我们自豪的优点。因为它伴随我们更久、更有力量、更能触及人心。它是我们美丽的源泉，也是我们顶天立地的骨骼。

咔嚓
咔嚓
小叶子在整理房间
小叶子在浇花
小叶子在打电话
这张，你在整理房间，你整理得很好，不像别的小朋友会觉得不耐烦；这张，你在浇花，这种花很难养的，但是你很负责，每天都在好好照顾它；这张，你在打电话，你还记得是打给谁的吗？
不记得了。
你在和小茉莉打电话，她那天生病了没去学校，你很认真地给她讲题呢。
爱整洁、细心负责、有耐心、乐于助人，小叶子，这些就是你的优点，别再忘记啦！
喜欢吗？
喜欢!!

03 认识自己的不足：正视不足是进步的开始

	周一	周二	
老师说她肚子疼的的时间	下午 2:44	上午 10:43	

		一	二	三	四	五
上午	1					
	2					
	3					
	4		英语			
下午	5	英语		英语		
	6					

别害怕暴露自己的不足

就像每个人都有优点一样，每个人也都有不足的地方，这和太阳从东边升起一样正常，不要太担心会被别人笑话。

如果你心里实在迈不过去这个坎，不如换位想一想，如果暴露短板的是别人，你会怎么想，怎么做呢？

正视不足是自我完善的开始

一张席子上有了缺口，拿东西挡住并不能真的让缺口消失，盖住别人的眼睛也不是长久之计，想办法去找针线、学习缝补，才有可能把它补上。

而愿意付出行动的前提，是我们没有假装看不见，也没有欺骗自己，不会说“就这样吧，躲过去就好了”。

想挑战不足，要制定策略

问题：口语不好
目标：口语变好

接下来我们分析一下口语不好的原因是什么。

原因：
①胆子小，不敢开口；
②练习得少，每次说英语磕磕绊绊；
③说得差，更不好意思开口。

进入了一个恶性循环 TT

针对这些原因，寻找一些方法。

方法：
①听正确的读音，模仿；
②用智能对话软件，锻炼胆量；
③找一个英语好的小伙伴，帮忙纠正和对话。

最后，也是很关键的环节，制订一些计划。

计划：
①周一到周五，每天十五分钟模仿，五分钟和 AI 对话；
②周末让小伙伴验收，进行调整。

AI

ENGLISH

这样就行了？其实我以前也偷偷练习过，没啥效果的。
这次不一样呀，这次有我帮你。
你看，愿意暴露自己的不足，还有可能获得强力场外援助。
那好吧，我试试！
小叶子戴着耳机，嘴里模仿
小叶子对着屏幕里的智能 AI 说英语
AI
小叶子和我对话
口语成绩
15
40
90
快来快来！
来了来了！
看来小叶子已经感受到了挑战不足的成就感，接下来应该就不需要我了。
↑我本来这么想。
没想到才过几分钟，这片叶子又有点蔫了。
看！我第一次得到90分！
唉，我试了好几遍，最高只能90分，连95分也到不了。
哇，真的假的，哪句话呀，给我听听。嗯，以我留过学的经验分析，这句话可以媲美native speaker（当地人）了。
没事啊，已经进步很多了，你也没练习多长时间。
嘿嘿嘿。
爽吗？
那万一我永远到不了100分怎么办呀？
爽！我要再试试！
不怎么办，就接受它是90分。

人无完人，不要追求完美

挑战不足是一件永远值得尝试的事情，但是能挑战到什么程度我们也要坦然面对。

有各种各样的原因会让我们做不到 100 分，比如你的口语，可能受口腔结构和发音习惯的影响，再怎么练习都没法完美复制外国人的口音，但是这也没关系，我们的努力已经让它达到了我们自己的最高水准，那就不用再较劲了。

甚至还有一些不足，努力了也提升不大，那也不用着急，我们可以找到和它的共存之道。

我有一个朋友，记性真的不好，用了很多办法效果都一般，后来她就养成了做笔记的习惯，反而成了一群人中最不会忘事的人。

还有一个朋友，一着急就会说不出话，看医生也没用。后来她就自制了一个“暂停”小牌子，一旦说不出话，就扔出来，双方暂停一下，再继续，反而和别人沟通得更好了。

你看，这些不足虽然没有完全被克服，但我的朋友们都找到了和不足的相处之道。甚至有时候，这些不足还成了他们身上一枚有趣的标记呢！

04 认识自己的爱好：喜欢本身就是最大的意义

爱好源于喜欢，而喜欢是一种本能

爱好不是作业或者任务，没法强行设定，它只会源于心里的那一份喜欢。

这种喜欢可能有很多种形式，但它一定是让人高兴的、舒服的。你和你喜欢做的事情之间会有“心灵感应”，你们是钥匙和锁扣，遇到合适的，你就能感觉双方“锁了”。比如都是运动，有人觉得是一种负担，有人就觉得热血沸腾；都是听音乐，有人直打瞌睡，有人却沉浸其中，心情愉悦；都是画画，有人没画两笔就不耐烦了，而你却可以每天画都画不腻。

当然，还要注意一下，这种高兴的体验也分成健康的、真实的和不健康的、虚假的这两种。大部分的爱好都是促进我们身心健康发展的，但也有一些爱好，虽然会带来莫大的快乐，可是其中也隐藏着巨大的危害。比如新闻上说的麻将、赌博，还有孩子中很受欢迎的电子游戏。其实我也很喜欢玩游戏，可是我会有一个合理的时间规划，让它只起到放松的目的，而有些人却会沉浸在虚幻的世界中，荒废学业、作息不规律，最后越玩越空虚、越玩身体越差，这样就很不健康，我们要认识到，这种欢乐是饮鸩止渴，并不能成为我们真正的爱好。

爱好没有高低之分，既不用追求特别，也无须从众

美好

喜欢

没有高低之分

我们很容易觉得有些爱好“高级”一些，自己的爱好拿不出手。其实这是没有道理的，爱好之所以成为爱好，只是因为你喜欢它，它带给你美好的感受。在这件事上，从来就没有高低之分。

当然，如果你觉得一个东西很高级、很特别，那你已经对它产生了初步的兴趣，完全可以去试一试，看看有没有可能开启“新世界的大门”。但如果为了追求所谓的高级、特别或者潮流，而把自己摆到不合适的位置、做不喜欢的事情，那就纯属浪费时间。

新世界大门

你喜欢画画，她喜欢围棋，而他就爱研究数独。但你们都收获了快乐，都觉得很满足。

快乐

满足

爱好需要悉心呵护才能长久

爱好是从我们的兴趣中诞生的，但它的确不可避免会走入“越来越厉害”的道路。这本来不是一件坏事，说明你在某件事上精进了，得到了更深入的体验和更丰富的收获，但如果过早或者过频繁地进入竞技节奏，一切都以拿到成绩为目的，那么最初那份兴趣就有可能逐渐被磨灭。

一块土地，耕种了几年后，土壤的肥沃性就会降低，就需要进入一段时间的“休耕期”，等肥沃性恢复以后再继续耕种。爱好也是这样，如果兴趣浓厚，爱好就会发展得很顺利，陪你走很远；但如果出于竞技、压力等原因你的兴趣被磨灭，那爱好就无法持久耕耘。

适当的竞争，可以让你扩大眼界、找到同好、发现自己的不足，但如果这个竞争成为巨大的压力和负担，它会蒙蔽你的心，让你再也感受不到那份快乐，那么爱好也就失去了它的意义。所以，除了投入时间和精力来提高自己，还有很重要的一点，就是呵护自己的兴趣。时常停下来问一问自己最初为什么喜欢这件事，现在做的事情是否违背了最开始的意愿，我们就能自己给爱好松松土、施施肥，让它葆有最初的意义。

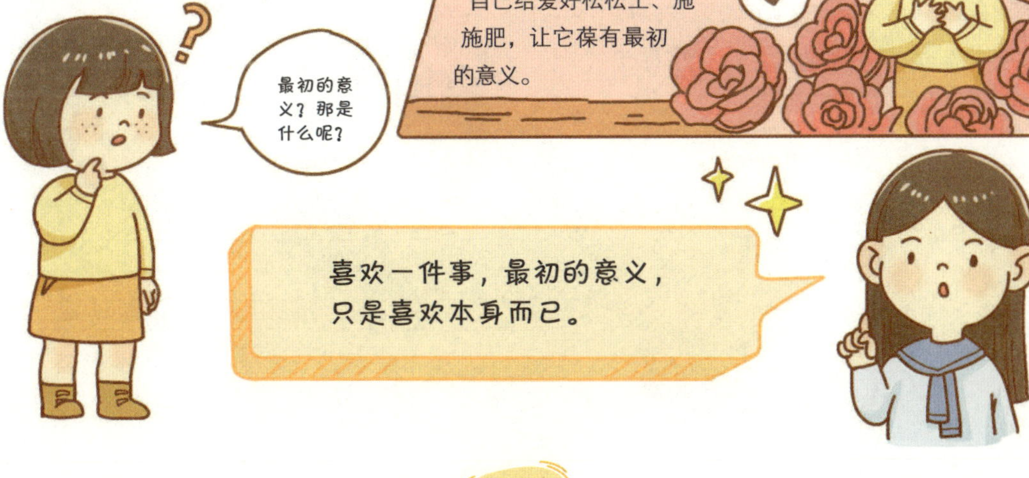

喜欢本身就是最大的意义

我们说过，爱好源于喜欢。其实，在它从喜欢中诞生的那一刻，它也就具备了意义，就是喜欢本身。

喜欢算什么意义呢？

喜欢不过就是能——

排解你的负面情绪，让你从郁闷【 /(ㄒoㄒ)/~~ 】状态变成开心 [o(*￣▽￣*)ブ] 状态；

带给你新鲜感，让你在规律的生活中发现乐趣；

让你第一次感受到“心流”，完全沉浸其中忘记了时间；

让你不断有成就感，激励你向着某个方向不断前进；

让你拥有自己的世界，在这个世界中你是无所不能的创造者……

或者它只是能留下一瞬间的美丽和快乐，成为你人生中的一朵小烟花。

但这些才是生活本身的奥义。产生“喜欢”是一种幸运，如果它降临，一定要奔向它，拥抱它。有它陪你走过一段路，你会觉得很快乐。

05 认识自己的思想：思考帮助我们正确认识世界

小叶子今天翻出来一堆旧物。

思考往往不是凭空开始的

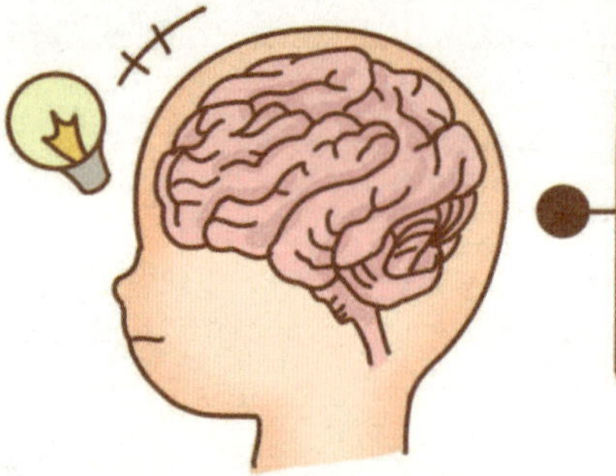

大脑是我们身上最重要的器官之一，它有一个很重要的功能就是思考。思考往往不是凭空开始的，而是受到某些刺激后活跃起来。这些刺激，就是我们看到的、听到的和接触到的信息。

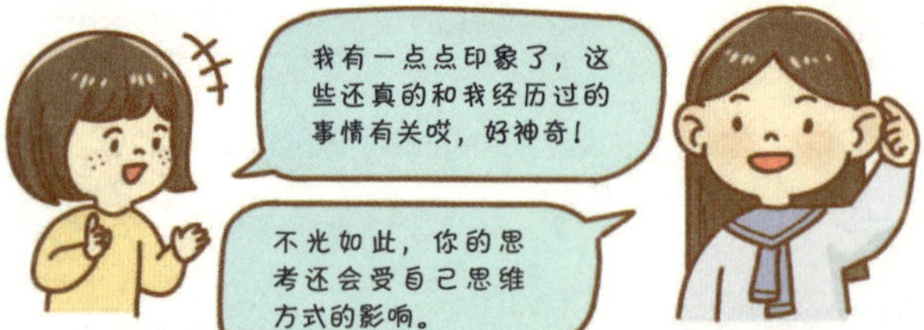

比如，大家都看过有黑巫婆的绘本，如果是很容易产生联想的人，看到木耳就可能会从木耳想到巫婆，但如果是不容易产生联想、比较关注眼前物品的人，就更可能会想要尝尝木耳的味道，所以直接拿起来吃。

每个人都有独特而丰富的思维活动

受思维方式的影响，我们每个人的思维活动都是与众不同的。

有的人想东西时很有条理，大脑里像是有一支整齐的队伍，依次往前，按部就班；

有的人想东西时思路活跃，大脑里像是有一汪炸开的彩虹糖海洋，五彩斑斓，自由扩散；

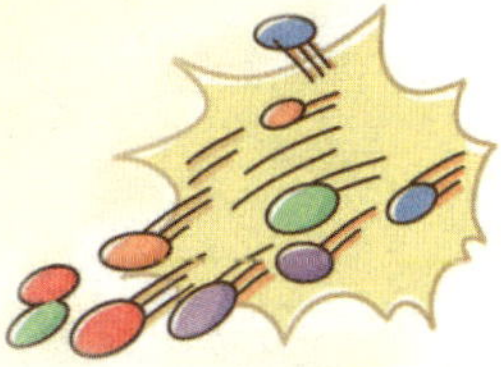

有的人想东西时十分专注，大脑里安静得像一个真空世界，几块石头，岿然不动，一个放大镜停留在上面，仔细地观察纹路……

思考是最神奇的体验之一，闭上眼睛，感受一下。

记录自己的思考是认识自我的一种方式

如果不是有你小时候写的一句话日记，你不会发现自己那会儿的想法，也不会这么清晰地看见自己的变化，更不会揪住那些隐秘的“线索”，比如你很早就具备充足的联想能力。所以，时常观察和记录自己的思考过程和思想成果，可以帮助我们更好地认识自己。

甚至对一件事情，我们也许在不同的年纪、不同的经历下，都会有不同的看法。而记录这些，实际上就是一种持续的自我观察，是一种自省，也是一种自我突破。

记录想法，只需要你在恰当的时机，按下暂停键。

当你感受着某种充沛的情感，当你脑中冒出某个从未有过的想法，当你突然有表达欲的时候，你都可以暂停一下，把它们记录下来。

当然，这不是一种任务或者负担，应该是一种有感而发。

即兴的不讲求格式工整，就是抓住那些一闪而过的火花，避免因为时间过去太久而忘记。

定期地按照你喜欢的节奏来，一周一次，一月一次，或者一年一次，都可以。你可以精心设计你的形式和内容，让这份仪式感帮你坚持下去，通过长期记录还原自己的成长过程。

我们这个不就是完整的一本手账吗？嘻嘻。

这个记录还可以是多样的，除了用文字，还可以用照片、视频、你的绘画等一切能反映你思考内容的工具。任何你喜欢的、擅长的，都可以。

每一次记录，都是我们和自己对话的时刻。而当我们拥有一份厚厚的记录时，我们就真正地成了自己的密友，成为自己在走过的路上，最坚实的支持者和最长久的见证者。

“我知道木耳不会吃掉我了，但我还是不喜欢它，因为口感很奇怪。”

“爸爸很爱我，但他也热爱他的工作，而且他需要靠工作来挣钱。”

“我不讨厌看书了，但是不喜欢看那些很枯燥的东西，我最喜欢插图好看的书。”

“我也不想当仙女了。我想当漫画家，在我的画中，下不下雨还是由我决定的，但我更想画流浪动物的故事，我希望它们都能健康快乐地生活。”

“现在，我闭上眼睛，你猜猜，我在想什么？”

06 认识发育中的自己：我的身体有奇妙的变化

像春笋一样长高，有人迟，有人早

当你慢慢长大，最明显的变化就是身高。

小孩子长个子就像雨后的春笋，说长高就长高了。可是笋也有高有低，有的长得快，有的长得慢，这都是很正常的。

女孩子一般长个比较早，这是生长的规律。如果你遭到了别人的嘲笑，可以和他说说事实的规律是怎样的。如果他还是那样，你就不用理会他，你自己知道这不过是自然规律就行。

如果你和别人不一样，不同步，也没有必要焦虑，因为每个人都有自己的成长节奏。有人先长个子，有人后长个子，没到定格的时候还不知道会长多高呢。而且无论最后长多高，大家都各有各的可爱。

长个子风波刚平息，小叶子又神神秘秘地要和我说悄悄话。

它要来了，让我们做一点小小的准备

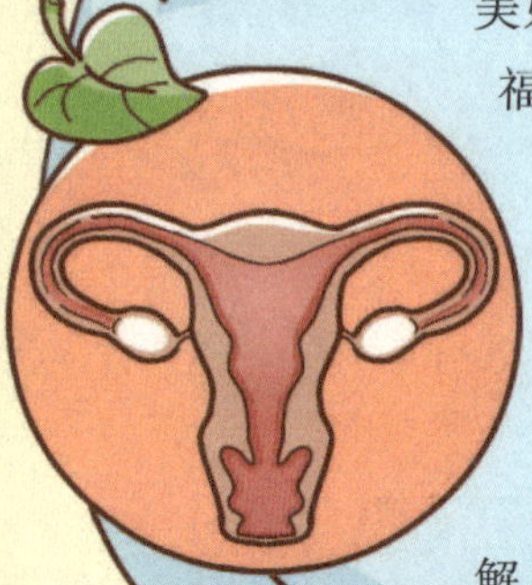

月经初潮是女孩子进入青春期的标志，预示着人生即将进入一个更加美好的阶段，因此这是值得庆祝和被祝福的，而不该慌乱或者害怕。月经没有任何晦气或者不洁的意思，只是一个非常正常的生理现象，所以我们可以大大方方地讨论它。如果你有任何月经期的困惑，你都可以咨询身边可靠的女性长辈哦——没有谁比她们更了解月经了！

发育期的烦恼真是一件接着一件，小叶子又哭丧着脸来找我了。

爱护自己的身体，重视变化，多关爱它一点

像胸部、阴部这种隐私部位，我们要格外关注。当你觉得不舒服的时候，一定要第一时间告诉妈妈。因为有的可能是正常发育带来的不适，通过妈妈或者医生的讲解，你可以缓解焦虑，放下担忧；而有的可能的确是病变导致的，及时发现就能及时治疗，采取科学有效的手段可以帮你尽快恢复健康。

！特级注意事项！

1. 不能忍着，不能什么都不说！

2. 不能轻信来自不明渠道（网络或者小广告）的说法，如果自己查资料，一定要反复甄别和确认资料的真实性和准确性！

3. 不能乱吃药、乱就医，一切都要在妈妈或医生的指导下完成！

07 认识关系中的自己：透过关系看自己

透过关系，我们可以更好地审视自己

我们每个人都身处各种关系中，家庭关系、朋友关系、陌生人关系，等等。在这些关系中，我们会展现出不同的特质，其中有一些连我们自己都不曾注意到。

我还是第一次看到你发这么大的火呢。

我知道你肯定有自己的理由——“我都和他说了好几次了”“我真的不喜欢他这样做”“他就不能尊重一下我吗”……可是我也有好几次，不小心放错了我的牙刷，你都没有冲我发火呀。

答案其实很简单，因为你天然地和爸爸妈妈更亲近，所以有一份底气叫作“他们不会生我的气”。

但这不应该成为我们肆意伤害他们的理由。我们如何对待亲近的人、爱我们的人，其实也直接反映出我们到底是怎样的人。

同样地，我们如何对待陌生人、如何对待好朋友、如何对待我们对不起的人、如何对待对不起我们的人，都能帮我们看出自己性格中的优缺点。

这些关系就像一面面镜子，帮我们更好地审视自己，而镜子照出来的是什么样子，都由我们自己来决定。

在关系中，我们不能迷失自己

关系让我们不再孤独，感受温暖和爱，但关系也有可能让我们陷入误区，迷失自己。尤其是朋友关系，我们有时候，会因为太重视朋友，而忽略了自己。跟你分享一个小秘密。

以前我有一个关系很好的朋友，我们无话不说，干什么都在一起。但是她经常会干涉我的决定，如果我不听她的，她就会生气。一开始，我觉得她是为了我好，也不想和她吵架，所以都听她的，但是渐渐地，我越来越不开心了。维持这段关系，让我越来越多的时候没法表达我内心真实的想法，每一次都在开口前打退堂鼓。

后来，我认识了一个新的朋友，她让我重新快乐起来。

我不想出门的时候，她会说“那好吧，我今天自己逛街”；买衣服的时候，鼓励我尝试所有我想尝试的类型；一起吃饭，总是询问我的想法。和她相处，我是自由的、随性的。她和我说：“你这样就很好，我真喜欢你啊。”

我才明白，原来在前一段关系中，我逐渐失去了自己，仅仅以对方的好朋友的身份存在了，所以我很不开心。而在后一段关系中，对方被我本来的模样吸引，我也不需要为了迎合她而改变我自己，我们依然拥有亲密的朋友关系，但又彼此独立、保持真实，所以我是开心的。

无论在任何一段关系里，都要记住，你是关系网的核心，
别让别人挤压你，让你失去做自己的空间。

好像，我有时候也的确会说违心的话，为了不让好朋友不开心。
那你下次可以试试跟她说自己真实的想法，有时候这个问题也可以靠沟通来解决。朋友之间嘛，多聊天才能更清楚彼此的想法。
嗯……可是有时候，好像也会没话聊，比如之前我就觉得我和一个朋友之间的关系没那么好了，都不知道和她聊什么。
谁呀？
就是之前也住在这个小区里的一个朋友。我一年级还是二年级的时候，和她关系特别好，每天晚上都要一起玩，但后来她搬家了，我们好像就没话说了。我本来每天都要给她打电话聊天，但渐渐地，我发现聊天的时候越来越尴尬，我不知道说啥，她也不知道。再后来，我也忘了怎么回事，就没再来往了。你看，就是这个朋友。
好可惜啊……
但这是很正常的。
随着你长大，你会发现，大多数的朋友只会陪你走一段路。

关系会改变，我们能做的就是珍惜当下

有句老话叫，世界上唯一不变的事情，就是变化。

大部分的关系不会永远不变，因为这段关系中的主角，是在不停变化的。

有时候，你觉得和某个朋友好像没话聊了，却不知道问题在哪儿。其实，这只是因为你们俩在不断前行的过程中，不再走在同一条路上了。可能是共同的圈子不存在了，可能是日常的交集不存在了，可能是彼此的喜好发生了变化，也可能是生活中有了新的“热点”和“重心”。

这一切都是成长的必经过程，当你忽然发觉一段关系在生活中逐渐变淡的时候，别着急，因为你在前方还会碰到新的朋友，建立新的关系。也不用惋惜，因为过往的这段关系，终归会成为你身体里的一部分，陪你一同大步向前。

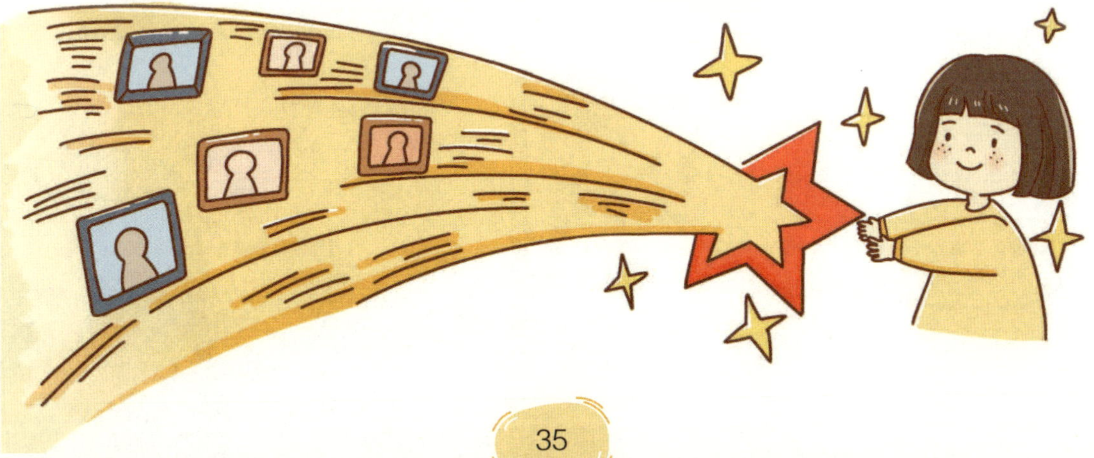

08 认识世界中的自己：观世界后，有世界观

搬来了一个新邻居。
小叶子好像对她很好奇。

这个世界本就多姿多彩，多种模样

这是你。

这是你在的小区。

这是你在的城市。

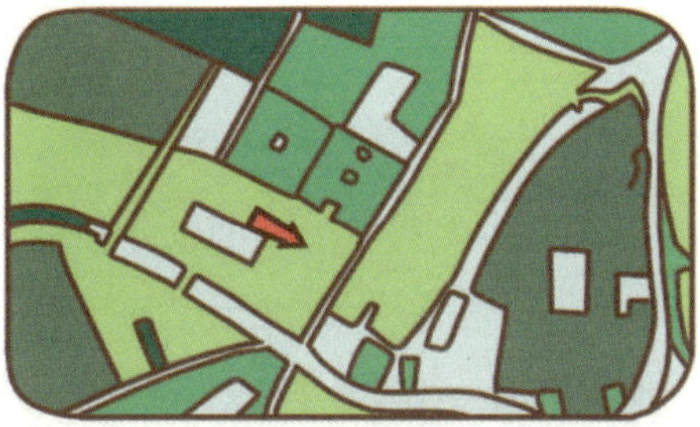
这是你在的国家。

这是整个星球。

我们平常接触到的人和环境只是这个世界很小很小的一部分。

打开视角，接触更多的人，你会发现——哇，这个世界好大，好神奇，好多不一样的东西。

甚至接触得越多，你会越发明白，你觉得奇怪的可能是别人习以为常的，你觉得平常的可能是别人素未认识的。大家都有自己的一个口袋，得一边走一边看，一边往里面扔东西。

面对和自己不同的观念，要有一颗包容的心

青蛙在井底的时候，觉得世界上最舒服的事情，就是白天用泥巴洗澡，晚上看一会儿月亮。海龟劝它出来，看一看外面的世界。

“外面的世界有什么好？”它不太理解。

但是海龟盛情邀请，它也不好推辞。

“原来这就是大海，一望无际，波涛汹涌。”海草的味道还不错，但是海风太肆虐了。它不太喜欢，就告别了海龟。青蛙又来到城市，城市里很挤，还有很多庞然大物。城市里洗澡有沐浴露，晚上能干的事情特别多。青蛙还找了一份工作，又交了很多朋友。

有一天，它泡澡的时候想起来，好像很久没看到月亮了。城里也有月亮，但老是被高楼挡住。于是，它辞掉了工作，回到了井里。

“果然还是用泥巴洗澡舒服。”

它会给自己的朋友写明信片，招呼它们来家里玩。它还在做一份远程工作——把大海和城市写在纸上，寄给自己在城市工作时的老东家。

是的，它辞掉了旅游顾问，变成了游记撰写人。

“下一站去哪儿呢？”它趴在井边，一边悠闲地哼着小曲，一边琢磨。

亲爱的朋友（虽然我还不知道你的名字），
你在看这本手账吗？
你现在在哪里呀？你那里有什么好吃的呀？
作业多吗？
如果你愿意，希望你能成为我世界的一部分。
如果你喜欢，我也愿意成为你世界的一部分。

满天星 & 小叶子 留

认识自己、表达自己、欣赏自己、爱自己，

是每个女生的成长课，

愿我们都成为闪闪发光的"她"♡

做女孩可太棒啦

生气不是我的错

傅首尔童书团队 著绘

国际文化出版公司
·北京·

图书在版编目（CIP）数据

做女孩可太棒啦. 生气不是我的错 / 傅首尔童书团队著绘 . -- 北京：国际文化出版公司，2023.12
ISBN 978-7-5125-1594-9

Ⅰ . ①做… Ⅱ . ①傅… Ⅲ . ①女性 – 青春期 – 健康教育 – 通俗读物 Ⅳ . ① G479-49

中国国家版本馆 CIP 数据核字（2023）第 233753 号

做女孩可太棒啦

作　　者	傅首尔童书团队		
责任编辑	戴婕		
出版发行	国际文化出版公司		
经　　销	国文润华文化传媒（北京）有限责任公司		
印　　刷	雅迪云印（天津）科技有限公司		
开　　本	700 毫米 × 980 毫米	16 开	
	12 印张	400 千字	
版　　次	2023 年 12 月第 1 版		
	2023 年 12 月第 1 次印刷		
书　　号	ISBN 978-7-5125-1594-9		
定　　价	118.00 元（全四册）		

国际文化出版公司
北京市朝阳区东土城路乙 9 号　　邮编：100013
总编室：（010）64270995　　传真：（010）64270995
销售热线：（010）64271187
传真：（010）64271187-800
E-mail：icpc@95777.sina.net

多乐尔
Happier

傅首尔童书团队

知名作家、辩手傅首尔带领的原创童书团队。倡导“好好读书，好好生活”。致力于为少年儿童创作有价值观、有方法论、有趣味、有温度的多维度好内容。

总策划

傅首尔

出生于安徽省宣城市泾县，作家、辩手，同时也是一个母亲。自 2012 年起出版多部小说、随笔集；2020 年，获得《奇葩说》第七季总决赛冠军，“BBKing”称号。经常在节目和文章中分享自己与孩子“多乐”的有趣交流，以鲜活、真实的观点和独到的育儿见解深受妈妈和孩子们的喜爱，被观众和网友亲切地称为“傅妈”。

序

我叫满天星，就职于女孩成长部。这是一个不为人知的组织，所有工作和活动都是秘密进行的。但有一点我可以透露，那就是无论哪种工作形式，我们的任务都是帮助每个女孩健康快乐地长大。

巧合的是，我就职后的第一个任务目标，就是我的表妹，小叶子。

小叶子今年刚上小学四年级，是一个善良敏感的小姑娘。由于身份的便利，我决定潜入小姨家，"埋伏"在小叶子身边……

这本手账是我的工作档案，详细地记录了我和小叶子之间讨论过的所有话题。这可是机密中的机密。

欢迎你打开这本手账。那些萦绕在心头的疑惑、说不出来的心情和无法解决的问题，在这里，你都有可能找到答案。

嘘，我的任务已经开始了——

多说几句

这是我工作记录的第二部分，在这一部分，我会帮助小叶子接纳和调节一些不好的情绪，让她可以和自己的喜怒哀乐好好相处，主动引导这些情绪走向合适的出口。

目录

01 接纳悲伤：眼泪不必偷偷抹

爱哭不是缺点，也不等于不坚强

哭是一个很正常的生理过程。

当你受到一定的触动时，身体会自然地产生哭的冲动。

每个人的身体情况不一样，有的人就是容易想哭，可能听音乐、看书也会被触动，或者吃到个好吃的东西都会哭；而有的人就是不容易哭，天塌下来，摔个大马趴，被特别严厉地批评了，也不会很想哭。

爱哭根本就不等于不坚强，我知道你明明就很坚强。

你虽然哭了，但你认真地改了错。

你虽然哭了，但你很快接受了别人的道歉，没有责怪他。

比起那两行泪水，你的行为更有说服力。如果有人叫你“爱哭鬼”，讽刺你不坚强，那是他的问题，他只会奚落别人，却没有想清楚两件事之间的逻辑关系。

爱哭没有性别之分，每个人的哭点还不一样

“女生就是爱哭”，这是一个应该撕去的标签，爱哭不分性别，只看个人，而且每个人的哭点还不一样。说这种话的人本身自带偏见，我们没必要理会他。还有人说“男生不应该哭”，这也不对，就是因为大家叫男生不要哭，我们才很少看到男生哭，以为爱哭的都是女生。其实男生也有想哭的时候，也应该拥有哭的权利。

哭是一个舒缓悲伤的好手段，它需要一个完整的过程

哭不但不是缺点，还是一个缓解悲伤情绪的聪明法子。

你体内的悲伤有这么多，如果你不哭，它一直憋在体内，越憋越大，你心里会越来越难受，所以最聪明的办法，就是开闸，泄洪。

而一旦开闸，就没法说停就停。

悲伤就是这么多，得全部排干净，才有空间接收新的信息——别人讲的道理、你自己的思考、其他情绪，等等。如果强行暂停，反而功亏一篑。因为闸口一旦关闭，没发泄完的悲伤又会开始越憋越大。

所以，难过了，想哭了，不哭是不行的，哭一半也不太行，要哭就哭个痛快，收拾利索悲伤情绪，再迎接新的情绪。

悲伤是一种力量，是另一种强大

如果没有黑色，我们就看不见白色。

如果没有悲伤，快乐也会失去光彩。

悲伤不是什么讨人厌的东西，它出现时，一定提醒着我们，一些不好的事情发生了。这样，我们才会更加珍惜美好的事情。我的小花枯萎了，下一次养花我会记得浇水；我的作业没做好，下一次写作业我会更加用心；我和爸爸妈妈吵架了，在泪眼模糊中，才会听到彼此的想法。

悲伤如果没有发生，那么变化就没有机会登场。

而爱哭的人，从另一个角度说，因为离悲伤更近，所以更容易获得藏在悲伤里的力量。这份力量，是怜悯之心，是坚韧不拔，是看见真实，是做出改变。

02 接纳愤怒：生气不见得是件坏事

小叶子听到我的话，眼泪一下子涌上来，把头埋在我的衣服里“呜哇”哭了好久。等她抽抽搭搭地缓过来，才慢慢讲起今天发生的事。

生气并不可怕，关键是怎么解决它

你一定要知道，生气是一种非常正常的情绪。当我们遇到不顺心、不开心的情况，或者遇到威胁侮辱时，就会感到生气。但生气不等于发脾气，要是因为气愤大吼大叫影响到别人，摔坏了东西，甚至把怒火胡乱转移到无辜的人身上，这就麻烦了，所以，大家不喜欢生气的人，只是因为不喜欢他们不受控制的行为。如果我们的行为没有影响到别人，只是为了排解自己的情绪，那就没有问题，而且应该积极地去“发泄”，不然把怒火憋在心里就会更难受、更委屈。

生气不可怕，关键是怎么解决它。

了解自己气什么，可以避免突如其来的暴怒

每个人被惹恼的原因不一样。

有些是因为外界的一些不顺心而生气。小板栗弄坏你的钢笔不还给你，你感觉被捉弄所以生气；被同学嘲笑，你感觉被羞辱所以生气；看见有人伤害小动物，你路见不平所以生气；买的糖分量差太多，你感到被欺骗所以生气……

有时候还会生自己的气。背不下来单词的时候，气自己怎么就记不住呢；出门忘带钥匙，气自己怎么老是丢三落四……甚至有时还会出现无名火的情况，好像也没发生什么不得了的事，就是感觉很烦躁、很郁闷。

知道了自己会为什么事生气，就能够在潜意识里，识别情绪爆发的信号。等到下次同样的事情发生时，心里就会有个小小的声音在预告：注意！我可能会因为这个生气。

你可别小看这个预告，当你已经有所准备，气愤和恼火就不会在一瞬间爆发。这时，你的大脑就会有一段相对冷静的时间，好去进行更理智的思考。

生气不是解决问题的办法

愤怒是一个好的信号，预示着我们对现在的状况不满，那么接下来，光发脾气可起不了作用，要更好地去思考如何解决问题。

就拿这次借钢笔的事来说，当你发现钢笔已经被小板栗弄坏的时候，如果直接冲着他发火会怎么样？会像今天一样大吵一架，然后该解决的问题还是没解决。

不如试试下面的法子：

你可以先表达出你的态度，这种表达不一定要很大声，但一定要很有力，“你弄坏我的钢笔了，我很生气”，就这么直接告诉他，平静其实拥有最深不可测的力量。

表达态度

然后，你就可以提出解决方案，让他赔礼道歉，或是让他赔你一支新的。这时你提出的要求要合理，态度要坚定。

提出方案

如果他还是不肯接受，那么只好请外援帮忙，拜托老师来介入这个问题了。

求助外援

整个过程中，脑子里的小警钟要时常响起，听到不好听的话、侮辱性的词，统统屏蔽掉，这些会影响你的发挥。

面对惹火你的人，你都可以思考这三步来解决。其实在思考的过程中，你内心的排风扇就已经安装好了，无论结果是不是和你预想的一样，气愤的感觉都已经被削弱了。

把气愤转换成力量，炮火也能变成绚丽的烟花

生气这种强烈的情绪，会带给我们很大的触动，往往也会带来一些改变。如果我们把气愤只当作一场突如其来的暴风雨，那么它横扫过就消失了，只留下内心的一片残垣。如果我们把生气的原因总结起来，把自己解决问题的方式收集起来，从中吸取教训，给内心建起坚强的堤坝，预备充足的应急措施，那么等下次暴风雨袭来，内心的城池将依旧坚挺。

气愤是一种能量，好好把握它，有朝一日，它会变成绚丽的烟花。

03 接纳夸赞：夸赞是对自己的奖励

小叶子要代表学校去市里参加朗诵比赛，这几天她每天都刻苦练习。

看着小叶子，以前的一些场景突然浮现在我的眼前。

夸赞是一种对自己的奖励，没必要避之不及

你可能没发现，面对每一次的表扬，你总是先给出否定的回应。“没有，我没那么优秀，是老师指导得好。”

“不是啦，我只是运气好。”就好像在刻意回避“承认自己很优秀”这件事，似乎只有否定自己的闪光点，才能做到绝对的谦虚。就像一只把头埋在沙子里的鸵鸟，生怕一挺起骄傲的胸膛，就会被看作爱炫耀的孔雀。

越是这样小心回避，就越容易忘了——肯定自己也是一件很重要的事啊！比起成为别人眼中的低调小孩，我更希望你能坦荡地面对自己的进步，大方地肯定自己的优秀。

当别人真诚地夸你时，不要拒绝，不要回避，坦然地回一声“谢谢”就可以了。

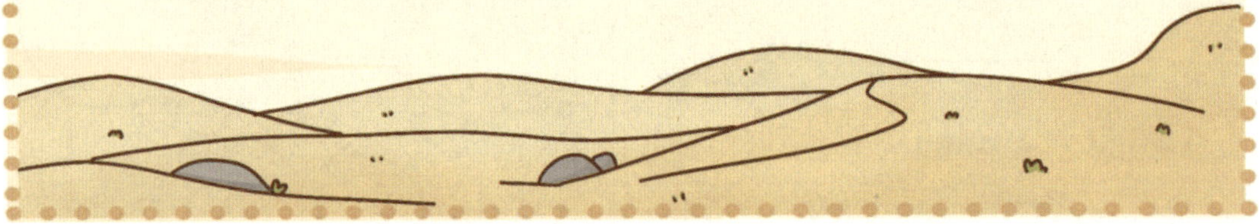

只要对自己知根知底，你就不会变成傲慢的讨厌鬼

有些人的傲慢之所以让人感觉不舒服，是因为他们对自己的认知和实际情况不匹配，把自己的成就放得过于大，大到超过了客观事实。

这样的情况其实是可以避免的。

首先，为自己的具体成就而骄傲。

比如，有些人觉得自己是最厉害的，那么这个说法就很不具体，到底是哪方面厉害？学习最好还是跑得最快？如果对于自己的评价是一个模糊的概念，那么这个“最厉害”也会脱离一个真实的评价标准。这就会出现，有些人明明只是拍桌子拍得比别人响，却误以为自己是全方面的最强选手；明明只是嗓门大，却误以为自己唱歌、演讲、喊口号全是No.1。

对自己的长处掌握得越具体，就越容易知道自己还有什么不足，也就不会变成傲慢的讨厌鬼了。

其次，知道了傲慢的模样，就不会变成那样。

很多时候，骄傲自大的人，不是故意要变成讨人厌的样子，他们也许并不知道，哪些行为是抬高自己伤害别人的，哪些语言是带刺儿的。

我们可以把遇到的“讨厌的骄傲”场景记下来，提醒自己不要在无意间伤害别人。

其实我一点也不担心你会变成傲慢的讨厌鬼。因为我知道，你本心是个善良又包容的孩子，所以你大可以放心地为自己骄傲。

能坦荡地表达对自己的肯定，是件很可爱的事

当你由衷地说出，“我的朗读能力挺不错的”“我这次真是太勇敢了”，甚至是“我怎么这么聪明”时，所有的努力与汗水就会拨开层层迷雾，现出天光。

想想奥运冠军们，站在领奖台的那一刻，他们发自内心地说出了自己的骄傲，大家是不是都为此而感动呢？

要记住，人们会被真诚的表达感动，会被自信的状态感染，也会发自内心地为你能认识到自己的进步而高兴。

04 接纳嫉妒：有点嫉妒也无妨

小叶子今天很奇怪。一回家，她就冲进房间，书包也没摘下来，饭也没吃。

我路过房门口，听到重复的一句话：

产生嫉妒情绪并不代表你就是坏孩子

谁都知道，嫉妒的名声不好听。

我们被教导着，要大度，要心胸宽广，要宰相肚里能撑船。所以一旦嫉妒发生了，我们就惶恐不安，担心自己是坏孩子，不敢让人发现，只想和它划清界限。

可是，产生嫉妒就代表我们很坏吗？

其实不是的。

做了坏事才叫坏，因为嫉妒而去嘲讽、陷害、诋毁别人，这种嫉妒才会让人讨厌；但没有做坏事，没有伤害别人，就自然不算坏。

虽然嫉妒本身并不是一种积极阳光的情绪，总是伴随着占有欲和与他人比较这些容易失控的心理，但嫉妒的出现是一种自然现象，只是产生嫉妒情绪，并不意味着因为嫉妒做了坏事，我们不需要因为一种自然发生的情绪而过度苛责自己。

嫉妒好朋友并不代表你们之间没有友谊

有时候，如果嫉妒好朋友了，我们会怀疑自己，是不是没把对方当作真正的朋友，辜负了这段友谊呢？其实也不是的，好朋友之间，有时候反而更容易产生嫉妒。

因为我们和好朋友的能力和想法都很相近，所以如果出现竞争的情况，会自然地产生一种想法：“为什么是她不是我呢？”而且我们和好朋友很亲近，近到不自觉就会放在一起对比，也近到对彼此的变化更敏感，哪怕只有一点小差距，酸溜溜的小气泡也可能会冒出来。

所以嫉妒自己的好朋友，不是什么罪恶，只是说明你很认可她的优秀，不需要因为嫉妒全盘否定你们的友谊。

之前我们说过，只要没有伤害别人，就算嫉妒了也不代表你是坏孩子，而这一次，我更想提醒你，其实很多时候，嫉妒不一定会伤害到别人，但往往都会伤害到我们自己。

一方面，一旦嫉妒别人，良好的品德会让我们觉得自责和内疚，这份良心上的折磨，会让我们筋疲力尽，害怕面对别人；另一方面，嫉妒别人，也会让我们花费过多时间在别人身上，只顾着注视他们的一举一动，而忘记了关注自己的成长。

别让嫉妒伤害自己

所以，为了保护自己，我们要妥善处理嫉妒的情绪。

首先，我们还是要正视这份情绪，免于过度的自责。

嫉妒诞生之初，只是一团白汽，我们视它为邪恶，把它藏在见不得光的地方，它会被黑暗吞噬，成为心病；但如果我们视它为寻常，把它置于阳光下，那么没过多久，它就会散去。当嫉妒来临时，别急着和它战斗，让它在体内静静流淌一会儿，关注它的动向，给一些时间，让它慢慢散去。

接下来，我们可以利用嫉妒的契机，好好消化这份嫉妒。

仔细想想，你嫉妒的点具体是什么，为什么她做得比你更好呢？如果你也想在这方面进步，需要做点什么呢？这样，你就把对别人的关注转移到对自己的关注上了，也就不会因为别人的优秀而难受，反而会从提升自己中获得成就感。

像说“我饿了”一样，说“我嫉妒”

长期处在嫉妒的情绪里，我们都会不好受。那怎样可以让它减少呢？

有一个简单快速但需要点勇气的办法，就是把它说出来。像说“我饿了”一样，坦坦荡荡地说“我嫉妒”。一开始可以对着日记说，对着自己说；后来可以对着信任的人说，爸爸妈妈、老师，或者我；再后来，更有勇气、更有信心的时候，可以对着你的嫉妒对象说。

“我嫉妒啦！”有一次，我破罐子破摔地对我朋友这么讲。她扑哧扑哧笑个不停，和我说：“知道啦！”多神奇哪，好像说出口了，难受的感觉就少了好多。这是怎么回事呢？

其实在我们说出口的那一刻，嫉妒身上的负面能量就降低了很多，因为那代表我们自己没有把嫉妒情绪妖魔化，反而用坦诚的态度展示出了一种底气——只是嫉妒而已，不会伤害别人。所以，虽然嫉妒了，也并不畏惧被别人知道这种情绪。这种坦诚其实是会感染别人、为你赢得一份尊重的，甚至有时候，对方还可能会偷偷为你鼓掌呢。

05 接纳恐惧：害怕其实是对自己的保护

甜点时间♡

杨枝甘露泡芙蘸跳跳糖

新鲜绵软的杧果块，搭配清甜西柚奶油，包裹在奶酥面包球里～嗯～

泡芙上裹着的跳跳糖绝对是点睛之笔，整个口腔都在美味中蹦迪。

可是小叶子竟然对这道甜品视而不见，简直太不正常了。

她今天一回家就把自己锁在房间里不出来，眼睛红红的，一看就哭过。

看来，今天又有新任务了。

每个人都有害怕的东西，只是内容不同而已

恐惧这件事，就像身份证，每个人都不太一样。在你眼中可爱迷人的东西，到了别人眼中，兴许就是恐怖的恶魔。

比如毛茸茸的小鸡，可爱吧，但对于有“尖嘴恐惧症”的人来说，就像洪水猛兽一般抵挡不过；你夏天穿的波点蓬蓬裙，好看吧，可被有“密集恐惧症”的人看见了，就像被小蚂蚁爬满全身似的，发抖难受；站在摩天大楼顶层俯瞰城市的景观，壮丽吧，可要是换了有“恐高症”的人看，肯定吓到腿软。

恐惧没有高下之分，不是怕老虎的就比怕蟑螂的厉害到哪儿去，也不能说怕老鼠的就比怕大象的胆小。感到恐惧是每个人都会经历的感受，是不是有一次，小板栗他也……

以下是“接纳恐惧”任务的第二次行动记录：

经过上次的聊天，小叶子已经不再纠结被叫“胆小鬼”的事了，她还专门去跟小板栗说了“我们害怕的东西不一样”的道理，小板栗也道了歉。我以为事情就这么过去了，可是一个出人意料的“治疗计划”又吸引了我的注意。

有些恐惧是可以克服的，但有些也不是必须克服的

爸爸妈妈鼓励你要勇敢、要克服心里的害怕，一定是觉得如果你能鼓起勇气战胜一些自己以前不敢挑战的东西，试着突破一点自己的保护伞，是一件很了不起的事情。恐惧的东西变少了，可以触碰的新鲜事物就变多了，能感受的快乐也会更加多样。

可是克服恐惧就要经历恐惧。就像小茉莉的法子，害怕蛇就要摸蛇的照片，怕黑就要尝试半夜一个人上厕所……克服的前提，一定是要提前经历一遍。

如果一个人的恐惧十分强烈，甚至会引起发抖、晕厥、呕吐等现象，那就没必要硬性强求了，因为这个克服过程反而会留下心理阴影。

恐惧是一种信号灯，是对自己的一种保护

我们知道，怕高的人是不会自己去跳伞的，怕水的人也不会自己钻进海里游泳，害怕是身体对危险事物的第一反应，是意识在激发我们对身体的保护本能。

而这些本能，从远古时期开始，就刻在了我们祖先的基因里。

可能连你自己都没发现，当你遇到害怕但是能克服的事时，我们的身体正在悄悄部署一场严密的“保护行动”。大脑会开启“警铃”，指使神经们兴奋起来，让心脏“怦怦怦”跳得更剧烈。它还会派遣意识尖兵，对着你的耳朵喊：“小心啊，小心啊！”如果实在太害怕了，身体也会为了安全起见，让你腿软一软，汗冒一冒，告诉你：“主人，为了安全，撤退吧。”

To 表姐

我告诉你哦，昨天劳动课上，老师带了一桶鳝鱼给我们观察。小茉莉一直把我护在身后，她担心我会把鳝鱼当作蛇，又被吓得尖叫，实在太暖心了。

所以我有一点感想：原来恐惧不仅是自我保护的警铃，还是一种无声的求助信号，我的好朋友感觉到了，就会悄悄地过来守护我。

我也要开启我的雷达，下次小茉莉害怕了，我也抱住她。

见解独特，收录一下。

06 识别不必要的羞耻：没什么不好意思的

小叶子给我看了她和朋友之间的秘密字条。

不过嘛，有些代号我是真的有点看不懂。

听说你大姨妈来了，弄到小 neinei 上了，要不要我帮你买面包？

不要紧，我带了。对了，你的小馒头穿蝴蝶了吗？我可以给你推荐一个蝴蝶谷。

不好意思说并不代表这些词不文雅

我能理解你的“难以启齿”，这是源于你对自己身体变化的陌生与新奇，也来自对“女性专属词汇”的不适应，以前听得少，讨论得少，等到真正面对的时候，自然有点别扭。它们就像突然闯进仙境里的爱丽丝，并不是大坏蛋，只是有点陌生罢了。

其实像“月经、卫生巾、乳房、文胸”这样的词，都是很专业、很官方的词，新闻上、字典里都是这么用的。这些词不是污秽的，更和羞耻沾不上边。

世界上有30多亿女性，关于身体的描述是我们共同的话题。有这么多人和你一样要经历来月经和乳房发育，成年女性可能还要经历生小孩、喂母乳……如果我们都能够大大方方地讨论这些事，就能让更多的女性大胆去了解生理卫生知识，让更多的女性对自己的身份感到自信。

有野心并不羞耻，追梦人是成功者最初的模样

在成功之前每一个人都是一个平凡的追梦人，他们身上可能也会被贴上“痴心妄想”“不自量力”“盲目自信”的标签，受过很多恶意的嘲笑。如果他们因此而感到羞耻，停下追赶的脚步，这个世界上会有多少令人感叹的奇迹消失啊！

有追梦的野心并不羞耻，哪怕你会听到很多反对的声音。有些人原先也是追梦者，但出于种种原因没能如愿，便对你的梦想唱反调，不想看你走他的老路；有些人单纯嫉妒你全力向前的姿态和无限可能的未来，便出言打击，想让你知难而退。无论是哪一种，我们都不必全盘采纳。

全力追梦的意义，就是无论结果如何，你始终都在向那个更好的自己靠近。就算你最后没有成为全国第一漫画家，那也一定会成为一个不辜负自己的人。

你现在就像一棵初生的小树，虽然还不够强壮，但是你有足够巨大的空间去学习，去成长，去一步一步靠近自己的目标。近一点，再近一点，梦想就在眼前！

不必要的羞耻会给我们带来不必要的压力

“羞耻”这个词，最终落在一个“耻”上面。什么样的事是“耻”的呢？

做了坏事儿，违反了道德法律是耻；伤害了别人，损人利己者是耻；虚度了年华，糊弄了自己的良心是耻，除此之外，很多事情都是我们自己给它封上了枷锁。

我鼓励你用更加开放的心态去看待“羞不羞耻”这件事，就是希望当遇到新事物时，能保持好奇心，去接触，去了解，而不是用“耻”把机会挡在门外；遇到千夫所指的事情，能独立思考，去求真，去深挖，而不是跟风指责，做沉默的大多数；遇到未知的现象，能探寻真理，去学习，去研究，而不是盲目守旧。

To 小叶子，

不必要的羞耻会给我们带来不必要的压力，很多事没什么不好意思的，我随时包容你的“小秘密”。

07 停止刷好评：别人的评价要学会自己过滤

小叶子把自己珍藏的宝贝们拿出来，挨个检阅，看样子她又在为朋友挑选礼物了。

刷好评刷不出真好评，友爱之心是双向奔赴的

单方面地给别人疯狂刷好评，就像往万丈深渊里扔金豆子，掏空自己也砸不出个响。

我们都希望能给别人留下一个好印象，希望别人喜欢自己，这是人之常情。可是好印象不是刷出来的，不是我们做得越多得到的反馈就越好。有时候我们以为自己表现得足够好、足够热情，对方就一定能感受到。但其实当友谊的天线没接上信号时，发射再多的爱心，可能还是没踩中对方的点，无法得到想象中的回应。

有句老话是这么说的，“真心换真情”。因为人与人之间的相处是有付出也有回响的。我给你一股清泉，这是友善的给予；你回赠一枝玫瑰，这是热情的回应，一来一回间才能让我们的友情历久弥坚。

真正喜欢你的人，不会让你这么辛苦，友爱之心是双向奔赴的。

赞美如果用于讨好别人，就太浪费了

赞美一定是发自肺腑的，是你的真诚之言。

你的作文写得生动精彩，我夸你是出于对你能力的敬佩；你的画栩栩如生，我夸你是因为你给我带来了视觉上的享受；你帮朋友的忙，我夸你是欣赏你乐于助人的良好品德。

每一句每一言，都是有所依据，我给出的夸奖，才是真正有力量的，而被夸奖的人，才会真正受到鼓舞。

相反，如果只是为了达成“我夸了你，所以你要喜欢我”这个目的，赞美就不再纯粹，也不再具有力量了。

你不可能让所有人都喜欢你

没有人是完美的，没有谁是满星评级。

每个人的想法不同、感受不同，对于你的评价也会有所不同。你亲密的朋友，熟悉你的为人，感受过你的温暖，也许会给你一个五星满分；和你交往不深的泛泛之交，体会不到你全部的善意，只凭模糊的印象，也许会给你一个及格分；更别说因为误会而对你产生偏见的人，也许只会给你判个不及格。

可偏偏就是这样一个低分，会让你忘了你本就是个高分的人！

因为个别人的不喜欢，错过了大多数人的喜欢，该是一件多么不值当的事啊。

有时候，我们需要一种“被讨厌的勇气”。有一两个人不喜欢我，那又怎样呢，我还是胜友如云；有一两句敌对的声音，那又怎样呢，我已经获得了大多数人的喜欢。

当不再坚持“百分百”的肯定时，我们才能轻松上路，享受成长中的美好。

08 避免过度自责：对于假定的罪，无需内疚

小叶子今天放学没有像往常一样准时回家，我有些担心，于是出门寻找。

过度自责反而是一种伤害

就拿投票这件事来说，你其实没有做错，只是在行使自己的权利而已。小茉莉最终没选上“文艺之星”，这是一个结果，并不是一个错误，大家按照规则公平投票，最后的结果一定是有人欢喜有人忧的。我知道你不想看见自己的好朋友伤心难过，这是善良的表现，可是把“小茉莉没选上”这个结果变成错误，最后变成自己的责任并深感愧疚，就是在给自己套枷锁了。

能够时常检视自己的错误，反省自己哪里做得不好，本来是一件负责任的事，是值得鼓励的。

但如果不能分清什么是错误，什么是客观结果，就会背上莫须有的责任压力。

时间久了，你就会把属于自己的和不属于自己的责任搅在一起，陷入深深的自责情绪，久而久之，你就会分不清自己真正的责任是什么了。

厘清责任范围，是一种明智的选择

很多女孩都和你一样，因为善良和责任感，会不自觉背负一些本不该背负的责任。可是蜗牛背上的房子空间有限，装了太多的负担，就会难以前行。所以，学会厘清责任范围，给自己减减压是十分重要的。

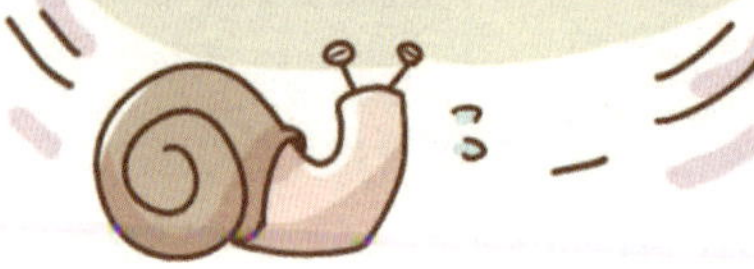

事件	春光小学四年级（2）班“文艺之星”竞选
候选人（责任）	小茉莉、小栀子（参与竞选，尊重投票规则）
投票者（责任）	全班同学（尊重自己的意愿为候选人投票）
投票规则	同学们根据自己对候选人的表现，进行公开、不记名投票
小叶子的责任	把自己想投的同学名字写到纸上，然后交给老师
结果	小栀子一票领先开心当选；小茉莉失败落选

放大镜①：投票是公开和不记名的，你并不知道大家会选谁，你也只是按照自己的判断公平地行使权利。

放大镜②：小茉莉落选是大家投票的结果，结果公平、公正、公开，作为参与者，小茉莉需要尊重投票结果。

如果小茉莉是因为没选上而失落，那么这是她自己要消化的情绪，既然参与投票，就要尊重投票的结果。

如果小茉莉是因为你没投她而失落，那么她需要正视投票的规则，你作为投票者保持公正、尊重自己的选择是完全合理的。

你所自责的事在别人心中可能只是浮光掠影

有时候是我们把责任放大了。

不小心弄坏了朋友的玩具，你以为自己摧毁了你们的友谊，实际上道个歉再买一个新的就没事了；无意间说了冒犯别人的话，你以为狠狠伤了对方的心，实际上对方没有放在心上；磕坏了老师的教具，你以为自己害得老师再也没法上课，实际上老师办法多着呢。

因为很多事情并没有我们想象得那么糟糕，过度的自责很有可能就是我们把结果无限往坏处想了，自己给自己预设了一个十分严重的后果。

事实上，只要诚恳地去问一问，就会发现，大多数的朋友豁达又包容，不仅愿意接纳你的无心之过，也愿意与你一起面对困难。在你看来天大的事情，其实也没那么严重。

当然，如果这件事真的是你做错了，坦诚地承认错误，主动去承担责任，肯定比暗暗自责来得更有效。因为只有问题解决了，你的内疚感才会真的消失。

认识自己、表达自己、欣赏自己、爱自己，

是每个女生的成长课，

愿我们都成为闪闪发光的"她"♡

做女孩可太棒啦

我要勇敢说出来

傅首尔童书团队 著绘

国际文化出版公司
·北京·

图书在版编目（CIP）数据

做女孩可太棒啦. 我要勇敢说出来 / 傅首尔童书团队著绘 . -- 北京：国际文化出版公司，2023.12

ISBN 978-7-5125-1594-9

Ⅰ. ①做… Ⅱ. ①傅… Ⅲ. ①女性 – 青春期 – 健康教育 – 通俗读物 Ⅳ. ① G479-49

中国国家版本馆 CIP 数据核字（2023）第 233751 号

做女孩可太棒啦

作　　者	傅首尔童书团队
责任编辑	戴婕
出版发行	国际文化出版公司
经　　销	国文润华文化传媒（北京）有限责任公司
印　　刷	雅迪云印（天津）科技有限公司
开　　本	700 毫米 × 980 毫米　　16 开 12 印张　　400 千字
版　　次	2023 年 12 月第 1 版 2023 年 12 月第 1 次印刷
书　　号	ISBN 978-7-5125-1594-9
定　　价	118.00 元（全四册）

国际文化出版公司

北京市朝阳区东土城路乙 9 号　　邮编：100013

总编室：（010）64270995　　传真：（010）64270995

销售热线：（010）64271187

传真：（010）64271187-800

E-mail：icpc@95777.sina.net

傅首尔童书团队

多乐尔
Happier

知名作家、辩手傅首尔带领的原创童书团队。倡导“好好读书，好好生活”。致力于为少年儿童创作有价值观、有方法论、有趣味、有温度的多维度好内容。

总策划

傅首尔

出生于安徽省宣城市泾县，作家、辩手，同时也是一个母亲。自 2012 年起出版多部小说、随笔集；2020 年，获得《奇葩说》第七季总决赛冠军，“BBKing”称号。经常在节目和文章中分享自己与孩子“多乐”的有趣交流，以鲜活、真实的观点和独到的育儿见解深受妈妈和孩子们的喜爱，被观众和网友亲切地称为“傅妈”。

序

我叫满天星，就职于女孩成长部。这是一个不为人知的组织，所有工作和活动都是秘密进行的。但有一点我可以透露，那就是无论哪种工作形式，我们的任务都是帮助每个女孩，让她们健康快乐地长大。

巧合的是，我就职后的第一个任务目标，就是我的表妹，小叶子。

小叶子今年刚上小学四年级，是一个善良敏感的小姑娘。由于身份的便利，我决定潜入小姨家，“埋伏”在小叶子身边……

这本手账是我的工作档案，详细地记录了我和小叶子之间讨论过的所有话题。这可是机密中的机密。

欢迎你打开这本手账。那些萦绕在心头的疑惑、说不出来的心情和无法解决的问题，在这里，你都有可能找到答案。

嘘，我的任务已经开始了——

多说几句

这是我工作记录的第三部分，在这一部分，我会帮助小叶子培养表达的勇气，在该开口的时候勇敢地、清晰地说出自己的想法。

目录

家庭会议

01 拒绝朋友：开口说“不”没那么难

“唉。”

这是小叶子今天第二十八次叹气。

这可不行，再叹下去要变成小老太太了。

拒绝的后果没那么严重

我们不想拒绝别人，往往都是怕别人不高兴，怕拒绝了以后，对方会和自己关系不好。可是如果从来不拒绝，又怎么知道后果到底严不严重呢？越不知道拒绝的后果严不严重，我们会越不敢冒风险。久而久之，就会变成“老好人”，任由自己一次一次感到委屈。

但其实只要开口一次，遵从内心的想法去拒绝，就会发现，拒绝的后果没那么严重。你的拒绝被谅解，皆大欢喜；你的拒绝遭受敌意，那你可以尽快发现问题，远离阻碍你表达真实自己的圈子。拒绝其实是像呼吸一样自然而又必需的事情，当你身处人群，它就势必发生，保护着你，也保护着你和别人的关系。

你要相信，一段真正的友谊，从来都不怕经受“拒绝”的考验。

拒绝是给别人的一份信任

一段关系中，如果只有某一方的妥协和退让，那就说明这段关系是脆弱的，是在虚假的美好中维系的；但如果是容纳了拒绝的、容纳了分歧的，就说明这段关系非常坚固，能够给彼此支撑和力量。

如果发出请求的一方是真诚的、坦率的，那么回应请求的我们也应该报以同等的信任。讲出自己的想法，信任她会理解你、尊重你。如果只会说“好好好”，别人是没有机会了解你内心真实的想法的，这样其实是自己关上了一扇面向别人的窗口。

拒绝就要把话说明白，不要兜圈子，不要找借口

如果我们做好了拒绝的决定，那就要把话说得清清楚楚，绝对不要找借口敷衍别人。

我是怎么想的，我为什么会做这个选择，我对于你的请求是什么样的态度，如果你有疑惑，我很愿意和你更进一步讨论——把这些饱满的心路历程完完整整地传达给对方，才更有可能得到对方的理解和支持。如果为了婉转而找借口、编理由，对方反而会产生疑惑和怀疑，不再愿意和你交流。

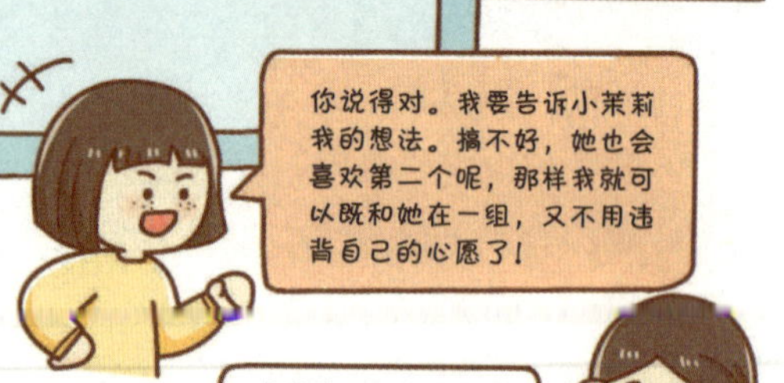

02 拒绝老师：老师的要求也需要思考

我们有权利适当拒绝老师的要求

老师虽然很厉害，但也不是神。他们学识渊博、考虑得很周全，但往往都是站在为一个班级好的角度上，有时候会无暇顾及每个人的感受，所以有时候也会做出让我们觉得不舒服、不愿意、感到委屈的安排。我见过很多像你一样乖巧的小姑娘都会默默不表示拒绝，承受这份委屈，我其实很佩服你们，因为也许连你们都没有意识到，在不知不觉中，你们比大人还要厉害，包容了他们的自作主张。但是，我也想告诉你们，哪怕是我们最敬重或者最喜欢的老师的不适当要求，我们也是有权利拒绝的。

不可否认，老师是我们学校生活中最重要的同伴，得到他们的认可真的非常让人高兴，但是这些认可并不需要用我们无条件的服从去换取。我们已经知道，拥有“自己”是多么重要，自己的态度、自己的想法、自己的选择，这些都是我们能健康成长、快乐生活的基础，那么无论在谁面前，这些东西都不需要割舍。当老师向你发出请求时，你们之间的身份是平等的，你不需要考虑是否要扮演一个“乖学生”，你需要考虑自己的心意和想法。

别忘记，你手上时刻都有“答应”和“拒绝”这两枚硬币，而投哪一枚，你说了算。

讲述完整的心路历程——无论什么情况都很有用

我们上次说过，完整的心路历程会让我们的拒绝听起来更充分、更容易被接受。如果你直接说不愿意，老师心中可能会误以为你和盛兰之间有矛盾，或者你今天因为其他事情不开心，不愿意配合老师的安排。而如果你给出的理由很充分，心路历程很饱满，老师会更容易和你共情、站在你的视角上看问题，也就更容易理解你的想法、理解你的决定了。

秋游对于老师来说太平常了，她带了很多届学生，自己已经经历过很多次。但你们不一样，秋游对于你们是一年一次的宝贵经历，所以你们非常珍视、非常重视。如果把这种心情传递给老师，她有可能会更加理解你们哦。

倾听老师的想法，可能会有更多的思考

拒绝别人之前，倾听对方的想法，是一种很有风度、很温暖，也很厉害的行为。这意味着你并不是固执己见，而是用一种开放的心态与别人进行沟通。而且面对像老师这样思考更全面、经验更丰富的角色，倾听她的想法可能也是开阔自己视野的好机会。

在老师的视角下，为什么要这么安排呢？一般来说，老师是不会故意为难我们的，那么她的安排，有没有可能对我们也有益处？除了我们能想到的理由，还有什么是我们没想到的吗？

这些问题是我们的钥匙，而这些钥匙打开的箱子里，可能会有一笔笔宝藏。

人是遵从内心欲望的生物，但如果偶尔可以暂时克制欲望，留一些空间吸收别人的思考，我们可能会开启未曾预想的体验哦。

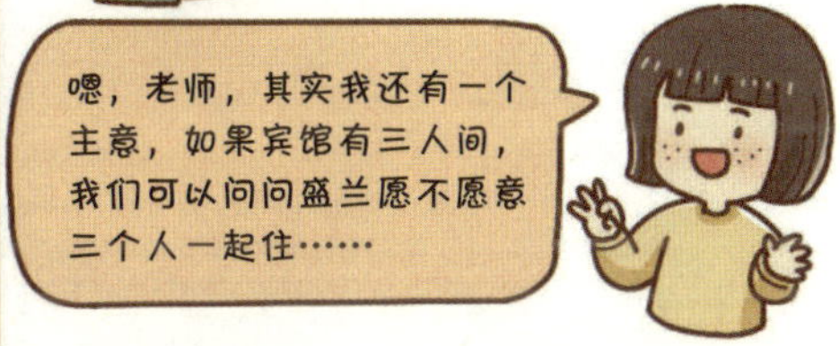

03 唱唱反调：我和大家想法不一样

不一样的声音也值得被听见

每个人都有自己的思考方式，有时候恰好和别人一样，有时候恰好和别人不一样，这都是很正常的。好的讨论环节是要允许不一样的声音存在的，甚至可以说，有不一样的声音存在，最后得出的结论或者通过的方案才更靠谱、更经得起推敲。

有时候，你可能会担心提出不一样的想法会给别人造成误解，以为你在针对他，但你要知道，健康的讨论环境中本来就是事归事，人归人，一码归一码的，大大方方参与讨论的人就应该具备分开“我”和“我的意见”的意识。

有时候，你可能因为无法确保自己是对的而不敢开口。但是没有哪个观点是不重要的、没价值的，它可能会不正确或者不完美，但也有权利被听见。

所以，当我们的想法和大多数人不一样时，不要随便怀疑自己，更不要轻易放弃表达的机会。

这不该因为身份的差别而改变，哪怕他是组长，我只是组员，我们也都有表达和维护自己观点的权利；也不该因为别人的声音而终止，无论是赞同、反对或者嘲笑，我们都要大大方方、完完整整地把想说的话说完，让真正的论断发生在完整的表达之后。

如果你萌生“不愿多说”“就这样吧”的念头，那在放弃前，先问自己一句：我的想法真的比不上别人的吗？

唱有道理的反调，充分“武装”自己的观点

想唱反调，又萌生退意，八成是对自己的观点还不够有信心。

这很正常，没有哪个观点萌发之初就是完美的，但我们不能任由这些“不确定”“小心虚”掐灭思维的小火苗，反而应该正视它、面对它，做所有能做的事情，给自己一个满意的答案。

这既是对整体小组负责任，也是对自己负责任。

唱反调的前提是已经有“调”，所以其实我们是有一个对比分析的对象，那我们在反驳的时候就要有理有据，不要凭着一股子冲动开口。如果只是草草提出自己的看法，让大家和你一起“凭感觉”，那既没有说服力，还会浪费大家的时间。

唱反调的过程也是给自己的一次训练。我的方案有哪些可取之处，它足以反超原来的方案吗？我该怎么清晰地传达我的想法，我的表述方式能让大家理解吗？一次唱反调，练习大礼包！

“武装”自己的观点，不仅是要在这一场观点和思想的交锋中取胜，更重要的是为以后做好准备。以这一次唱反调为契机，逐步给自己配齐装备——更严谨的逻辑思维、更流利的表达能力、更强大的心理素质，是这些装备伴你长久，让你时刻做好准备进入一段公共交流。

唱反调的勇气，不仅在于表达，还在于接受结果

和众人唱反调，哪怕你准备得再充分，在你看来再无懈可击，都有可能因为“少数服从多数”的基本法则而败下阵来。

而这时候，我们要具备的勇气，不仅在表达和争论上，还在能够接受结果的豁达心胸上。

成了，为自己鼓鼓掌；败了，也要想到，我尽力了，我收获了，也值得了。

04 诚恳道歉：用“对不起”担起责任

后来……
今天，咱们班发生了一件非常不尊重老师的事情。一秋老师怀着孕，很辛苦，但是因为担心换老师对大家的学习进度会有影响，所以一直坚持带课。可是，我们班同学却画了一张图画，嘲笑一秋老师的身材，大家说，这样做对吗？
一秋老师没有责怪大家，但是我希望，每一个笑了她的同学，都可以认识到自己的错误，去向一秋老师道歉。她明天就正式休息了，所以你们要把握住机会，在这节课课间过去找她。我和一秋老师，一起在办公室等大家。
不、对！
不、对！
不、对！
我就知道是这几个臭男生，就知道开这种玩笑。
嗯……
看什么看，还不快去道歉。
哼。

做错事是逃不过去的，因为真正的审判者是自己

有一句话你一定听很多人讲过，那就是“谁都会犯错，只要认真道歉就好啦”。

可是，错误真的落到自己头上时，我们会很难避免想要“逃脱”的念头。

尤其是这个错误，是一个让我们羞愧难当的错误。因为这份羞愧会大大吞噬我们的勇气，让我们在该道歉的那一瞬间怯懦和退缩。

我们不敢讲，怕讲了，那一个“很坏的自己”就暴露了。

可是，如果永远不讲，那一个“很坏的自己”就永远不会离开。

哪怕伪装得再好，旁人不知道，朋友不知道，甚至你对不起的人也不知道，这世上也还有一个无论如何都会知道的人——就是你自己。

让你退缩的那份羞愧，其实也是正义感的象征，它会转化成是非判断的量尺，让那个“心存正义感的自己”，拿着法官槌，一遍遍审判“犯了错的自己”。

而只有承担起该承担的责任，正面解决问题，噩梦才会不再降临。

后悔是一个反思的契机

做错了事，很容易产生后悔情绪。但我们要分辨出，这份后悔是因为被人发现和指出了，还是真的认识到了错误。只是因为被人发现而后悔，那下一次还有可能重蹈覆辙；只有真的认识到了错误，才能真心道歉、认真弥补，不再因为同一件事情犯错。

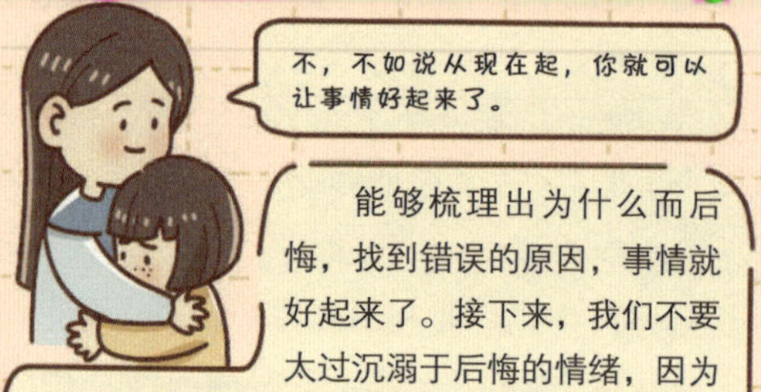

能够梳理出为什么而后悔，找到错误的原因，事情就好起来了。接下来，我们不要太过沉溺于后悔的情绪，因为太过后悔其实是一种“认输”的态度，会阻碍我们“行动”的步伐。

对已经发生的事情我们无法改变，但对发生后该如何处理，我们还有很多可以做的。

真心的道歉不嫌晚

错过最佳的道歉时机，好像再去道歉就变成了一件难事。

这是怎么回事呢？

其实是因为我们潜意识把“道歉”当作了像“烹饪”一样的事，火候没掌握好，这道菜就毁了。一方面，事后道歉的话，我们好像多了一层需要解释的东西，我们害怕面对这样的质疑——为什么当时没及时道歉呢？另一方面，道歉好像是有时效性和保质期的，总觉得时间长了，我再道歉，那份真诚度和有效性就下降了，我再用力，可能都无法取得谅解。

其实这两点都是真实存在的，但这两点却会相互弥补。好好解释清楚为什么没及时道歉，会弥补时效性的降低，当对方能感受到你的真心时，她不会介意这份道歉是什么时候来到的。

也就是说，如果有什么可以填补我们的每一次错过和失误，那一定就是真心实意的道歉。

无论晚了多久，都一定要把“对不起”说出口，因为这代表着我们愿意为迟到的道歉解释更多，也代表着我们明知可能再用力也未必取得谅解，但还是愿意勇敢地和别人道歉。

> 真正拾起勇气承担责任时，你的人格非但不会矮化，反而会更加熠熠生辉。

05 吵架之后：别把自己封闭起来

小叶子和小茉莉吵架了。

想她就去找她呀。
我才没有。
真的没有吗？
哼……可是她那天真的很过分，这次我绝对不会先低头的。
有多过分啊？
小茉莉
第一，我在烈日下等了两个小时，她就轻飘飘一句“对不起”；第二，她说手机没电了，可是明明就可以借一下别人的手机跟我说一声，她又不是不记得我的手机号码，分明就是不在乎我等多久；第三，她竟然说是陪我才来看的，明明就是我们俩都想看！
可是这些想法和猜测，有没有可能只是你单方面以为的呢？

吵架以后，问自己三个问题

第一，有没有误会？

第二，说没说气话？

第三，想不想和好？

第一，有没有误会？

我要声明一下，判断事实的标准是你真实看到的和你听到的，可不是带着情绪或者脑补出来的。比如圈出来的这些字就应该挪到推测里。

先别急着说“绝对没有”。

很多时候，我们很可能主观上曲解了别人或者把事情的严重程度人为放大了，所以为了尽量客观，我们不能纯凭自己的感觉说“有”还是“没有”，而要拆解一下我们已经认定的“真相”中，哪些是事实，哪些是推测。

第一，我在烈日下等了两个小时，她就轻飘飘一句“对不起”；

第二，她说手机没电了，也不借一下别人的手机，根本不在乎我等多久；

第三，她竟然说是陪我才来看的，明明就是我们俩都想看！

事实

第一，我在烈日下等了两个小时，她说了“对不起”；

第二，她说手机没电了，所以没给我打电话；

第三，她说是陪我才来看的。

所以，这样才更客观。

推测

第一，她没有真心向我道歉；

第二，她没有积极找路人借电话，根本不在乎我等多久；

第三，她找借口抬高自己，明明是我们都想看。

而这些推测，往往就是误会产生的导火索。

第二，说没说气话？

你可能会好奇，这个问题，重要吗？

重要哦。

其实很多时候，我们吵架的起因都很小，本身问题也不大，但是在你一句我一句情绪上头时说的气话的“加成”下，气氛越来越差，形势越来越严峻，我们在心里给对方扣的分越来越多。

审视吵架双方本身的对错，需要我们追踪每一句气话的位置，正视这些气话带来的影响。

第三，想不想和好？

打破僵局的办法有很多，主动是前提

朋友没有隔夜仇，就看有没有人先示好。

当然主动也有很多种形式。

有人爱直球，有人爱拐弯，有人爱撒娇，有人爱提无伤大雅的小要求，办法很多，形式各样，但这些背后都跳跃着同样的信号——我想和好，你呢？

正在输入中
她在给我打字！
不过她在打什么呀？怎么半天还不发过来。
哈哈，那你就先给她发呗！
不，我才不呢。
我要直接打电话！
哎，你说她傻不傻，原来她有想给我打电话，只是把我的电话号码记错了！
哎，是挺傻的，也不知道谁刚才信誓旦旦说对方根本不在乎自己！
哼，不准笑我！
不过，真的好奇怪，我刚才满脑子都觉得她不在乎我，都没想到别的可能性。
倒也不奇怪。
别回头，猜猜我摆了一个什么姿势？
干吗呀你，这么突然。
猜猜嘛，猜中了有奖励。
什么呀，这哪儿猜得中。
××××
那……我刚才说了什么？
你捂着我耳朵，我怎么听得见？
那……看得见我的表情吗？
你到底要干吗？
不干吗，只是想告诉你，当一个人和别人闹矛盾的时候，常常会把自己关进一个看不见、听不见的盒子里，所以才丧失了基本的判断能力。

吵架之后，不要把自己封闭起来

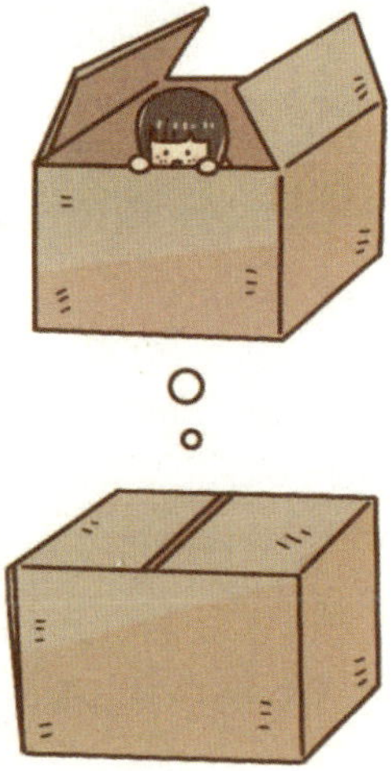

我们生下来有各种感觉，能看、能听、能用心感受。正常情况下，我们会综合这些感觉来评判一件事，但是，当我们陷入比较糟糕的情绪中，比如激烈的争吵或无声的冷战，我们就会不自觉地把自己关进一个封闭的盒子里，丧失这些感觉，只相信自己已经认定的事情，而不愿获取或接收新的信息。

这时候，其实我们已经陷入了一个死胡同——好像事情到底是怎样不是最重要的，我们最开始想要的是什么也忘记了，只有“我不能输”这个信念是必须坚持的。

短暂的封闭并非不好，它是一种对自己的保护，是一个自由的空间，让情绪可以不受干扰地倾泻；但如果封闭得太久，我们的执念会加深，会逐渐失去解决问题的机会，失去好好表达、好好爱人的能力，也会失去轻盈的步伐，失去原先拥有的那份轻松和快乐。

吵赢了其实并不能让你开心，走出这个封闭的盒子才能。

1.
2.
3.
4.

06 正视需求：想要就说“我想要”

“我想要”是心里的声音，它需要一份回应

我们每天会产生各种各样的需求。有的很重要，比如想填饱肚子、想上厕所、想睡觉；有的好像没那么重要，比如想买个小东西、想换一本干净的书。对于前者，我们很重视，几乎“有求必应”；而对于后者，我们却常常选择忽视，它们一冒头，我们就习惯性地把它们压下去。

“这点小事，没必要提。”

我们像是提醒自己，又像宽慰自己。

但是一份需求产生了，再小也会留下痕迹。它一开始是一个小小的缺口，很容易就能填上，但如果你不回应它，它就会慢慢、慢慢地扩大，藏在你心里某个角落，潜移默化地影响你的性格和行为。

我有一个朋友，小时候很想去看大熊猫。但是她怕爸爸妈妈工作忙，没时间，所以一直没有和他们提。长大后，她终于有机会去看大熊猫。她看了很多次，但还是有些遗憾地跟我说，好像没有想象中那么开心，那份缺口，可能不是那么容易就能弥补的。

“有可能，我最想要的不是看大熊猫，而是不再习惯性地委屈自己。”

哪怕是再小的需求，也是“过时不候”的。我们不要习惯性压制这些“小事”，而要在最好的时机让它们浮出水面。而那个最好的时机，往往就是当下。

满足自己的需求，不一定会伤害别人的利益

我们有时候放下自己的“需求”，觉得是替对方考虑，可是这真的需要吗？

我喜欢红色，你喜欢黄色，如果大家都替对方考虑，觉得不能选自己喜欢的，得大方一点，把喜欢的颜色让给对方，那结果就会阴差阳错，每个人拿到的都是不喜欢的，多憋屈呀。

所以不如就直接说自己想要的。如果刚好大家想要的不一样，轻轻松松达到双赢；如果刚好想要的重合了，那就商量一下，谁让了步，另一个人就领了情，一目了然，你的“好意”也不会自作多情。

我们想要的，会不会让别人不开心，会不会给别人添麻烦，都不是靠自己脑子里反复演练就能得到准确结论的。直接提，最简单。经常提，才能积攒经验。靠这些经验，我们才能预判这个要求是“合理”还是“不合理”，是“现在提”还是“晚些提”，是“双赢”还是“需要让一步”。

说“我想要”不等于“我一定要得到”

我给你打一个电话，不是命令你和我通话，你可以选择接听或者拒听；

我发起一个议题，不是强迫大家接受，而是让大家投票通过或者不通过；

我说“我想要这个”的时候，也不是耀武扬威地下圣旨“我一定要得到”，而是做好了准备面对“得到”和“得不到”这两种结果。

当我们做好这样的准备时，我们的心态会更平和，提起要求来会更有底气，而别人也会因为感受到了“这是在商量”的态度而更舒服、更愿意倾听你的诉求，表达她的想法。

07 传递友善："你好，需要帮忙吗？"

表达善意竟然也会让人不好意思

为什么有时候我们明明是要做一件好事，也会不好意思呢？这其中可能有很多种原因。

有的是单纯脸皮薄，开口和陌生人说话就心里打鼓；有的是怕组织不好语言，对方要是没搞懂你的意思，还得把话抛回来；有的是因为犹豫了一下错过了最佳时机，觉得再行动显得有些刻意；有的是怕对方其实不需要，或者不想接受，那样就会来回“打太极”，特尴尬。而更多的，其实是担心吸引别人的目光，怕被别人议论。

因为很长时间以来，我们都默认做好事最好不留名，要是这么“高调”被人看见，搞不好他们会觉得我在出风头或者邀功。

前面几条想法其实都很正常，大家由于性格、经验的区别或多或少都会有点这样的顾虑，但是最后一条就要注意了——正常的表达善意和提供帮助本来就不应该被理解为出风头或者邀功，如果有人这么想，这是他的问题，不是你的问题。

所以如果因为这样的担忧，让本来可以表达的善意没有表达出来，让能做的好事没做成，是很可惜的。

我们越坦然，表达善意越简单

我之前不是和你说，我小时候也常常不好意思让座什么的。

但有一次，可能是因为车上的人都在睡觉，或者那位老人离我很近，我突然就站了起来，把一直徘徊在我脑子里的话说了出来：“爷……爷爷，您坐这儿。”

我说得磕磕绊绊，说完就有点后悔了：这话听起来怎么有点像命令呢？

但是还没等我开始脸红，爷爷就应声了。他微微一笑，声音很低、很温和，说：“好孩子，谢谢你。”然后就自然地坐下了。

这么简单？我长舒一口气。

偷偷环顾四周，发现有些乘客醒了。有人看了我一眼，继续睡了；有人冲我微笑着点点头；还有人悄悄给我比了个大拇指。

原来大家的反应是这样的，我心里淡定多了，做了好事的自豪感和兴奋慢慢浮现出来。

后来，我的心理包袱就减少很多，常常可以很自然地发出“我可以提供帮助”的信号。当然不是每一次都很顺利、很美好，有时候对方会礼貌拒绝，有时候对方会奇怪地看我一眼，什么话也不说就离开，但更多时候，他们都是笑着和我说：“谢谢你。”

就这么简单。

表达善意也讲究方式方法

虽然直白地说出来问题不大，但是有时候我们在帮别人之前要了解清楚情况，也要适当考虑对方的感受。

“您这样不行，我来。”

“别客气了，你就坐下吧。”

像这样说，都会给人一种“强买强卖”的感觉，对方心里一紧张，就会表现出抗拒的状态，那么你的好心可能就没有回应了。

“你好，需要帮忙吗？”

这样说就刚刚好，选择权和说明权都交给对方，他会觉得更舒服、更安全，更愿意信任来自陌生人的好意。

如果你察觉到他因为不好意思而犹豫，可以适当补充一些信息，再释放一些善意。

“我刚好马上要到站了。”

“我刚好行李不多。”

“我是看你很着急的样子，所以来问一下，不知道有没有我能帮上忙的地方。”

当然如果你接收到了明里暗里的拒绝，就自然地回答“好的”就行了，不需要再追问对方。

点亮一颗星星，织成一片星光

一开始，大家可能都是不好意思开口向别人提供帮助的，所以做任何一件好事都会显得有点突兀。

但如果有一个人对另一个人开了口，完成了一次善意的传递，那么得到帮助的人就会受到触动，更愿意主动帮别人；而旁观了这个过程的人也可能会受到触动，下意识把这件事记在心里，在其他场合会成为那个主动开口的人。

然后，渐渐地，表达善意的人多了，我帮你、你帮我的事情多了，就会有更多的人成为当事人和旁观者，那么这时候，善举不再显得突兀，逐渐被大家习惯。

当整片天空都是星星的时候，一颗星星就不会觉得孤单。

当然，划破黑幕的关键，是要有第一颗星星亮起来。

你愿意做那颗先亮起来的星星吗？

08 家庭时间：和爸爸妈妈说说心里话

爸爸妈妈可能只是“能力有限”

我们看影视剧的时候，看到两个人总是擦肩而过，会恨不得冲进去把他们定住；看到有人欲言又止，屡屡产生误会，也会恨铁不成钢地喊一句：“说啊！”

这些不是因为我们聪明，影视剧里的人笨，而是因为我们是“上帝视角”，影视剧里的人是“普通人视角”。“上帝视角”能纵览全局，看清哪里出了问题，知道该怎么说、怎么做；而“普通人视角”只能看到事情的一部分，所以只能根据自己知道的信息去表达、去做事，往往就会产生误会、产生矛盾。

爸爸妈妈也是一样，他们虽然是最熟悉我们的人，但他们也只是普通人。

冤枉我们，可能是因为他们没看到全部过程；自作主张，可能是因为太相信自己的经验；总是和我们对着干，可能只是在用他们的方式保护我们。

很多时候，他们不是不爱我们，不是不想我们开心，而是因为他们“能力有限”，所以这份爱没有被恰当地表达出来。

他们不会透视过去，所以看不到你是学了很久才开始玩的手机；他们不会读心，所以猜不到你的真实想法；他们有时候不善于沟通，会让你觉得对话不平等；他们太过于想保护你，所以忘记了你正在慢慢长大。他们还是爱你，只是这份爱，需要时间，也需要你的支持，来随着你一起成长。

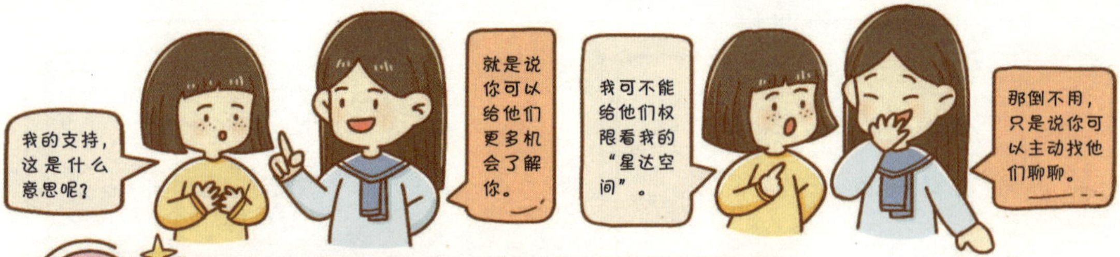

和爸爸妈妈交换心里话

我们每天和爸爸妈妈会讲很多话，可是正式地坐下来聊聊彼此想法的次数却不多。

有没有想过，为什么小时候你们不常闹矛盾呢？

那是因为，在你已经忘却的小小孩时期，你连一只西瓜虫飞到了手指上，都要举着它跑去告诉爸爸妈妈。

所以有时候问题可能很好解决，只是需要我们去和爸爸妈妈说说心里话，把已经长大的自己、已经逐渐丰盈的内心世界，向爸爸妈妈展露一些。

而另一方面，已经长大的你，也拥有了理解爸爸妈妈想法的能力，所以和他们说说话，是在袒露你的心声的同时，也给了他们一个信号：我长大了，爸爸妈妈，我也想知道你们的心里话。

2.
妈妈，你把我画笔放哪儿了？
问这个干吗？期末之前别想啊。
怎么这样啊？！
你整天画画画，又不是专业的，能有什么用呀，还不如好好学习。
我就是喜欢啊，不是专业的但我收获了快乐呀。画画时我可以尽情想象，创造自己的王国，有一次我把画画的过程写成作文，老师还表扬我写得很生动呢。
就那篇你说全班朗读的？
对啊，哼，你果然没仔细看。
最近有点小忙，抱歉抱歉……哎，行吧行吧，在门口柜子最上面，我放在蛋卷盒子里了。
哇，你好奸诈！不过，你最好了！

3.
哎对了，真的不能去小茉莉家睡吗？
这个免谈，多麻烦……
我问过叔叔阿姨了，他们说不麻烦。
你认床……
你忘了之前全班出去野营，我睡得很香啊。
呃……哎，可是你二年级的时候有一次去朋友家，本来说的好好的要住一晚，后来不是睡不着说想家，半夜给我打电话要回来吗？
哎，好像真的是……
可是妈妈，我已经不是二年级了呀。我已经长大了呀。
对哦，妈妈忘记了，你已经长大了。

看吧，很多问题沟通就能解决了！
每个家庭其实都有自己独特的沟通方式，花点时间和爸爸妈妈一起探索吧！

每个家庭都有独特的沟通方式

不沟通出问题，沟通才能解决问题，那么我们就可以试着和爸爸妈妈约定一个沟通形式，提高沟通频率。

有些家庭会开“家庭会议”，家里人轮流组织，安排讨论主题和发言次序。

有些家庭喜欢散步仪式，“走，出去遛一圈”，基本就等于沟通信号了。

还有些家庭有固定的“喝汤时间”，就是晚饭进行到喝汤步骤的时候，大家畅所欲言，把今天的新鲜事或者想聊的事聊了。

这些方法不仅仅是看着好玩，且实打实地把沟通习惯融入家庭日常中。一次，两次，三次，很多很多次以后，伴随着沟通，你和爸爸妈妈会逐渐建立起新的关系模式，一种被平等、理解和支持填充的，更能让你感觉到幸福的爱。

认识自己、表达自己、欣赏自己、爱自己，

是每个女生的成长课，

愿我们都成为闪闪发光的"她"♡

做女孩可太棒啦

谁都不许欺负我

傅首尔童书团队　著绘

国际文化出版公司
·北京·

图书在版编目（CIP）数据

做女孩可太棒啦. 谁都不许欺负我 / 傅首尔童书团队著绘 . -- 北京：国际文化出版公司，2023.12
ISBN 978-7-5125-1594-9

Ⅰ. ①做… Ⅱ. ①傅… Ⅲ. ①女性 – 青春期 – 健康教育 – 通俗读物 Ⅳ. ① G479-49

中国国家版本馆 CIP 数据核字（2023）第 233725 号

做女孩可太棒啦

作　　者	傅首尔童书团队
责任编辑	戴婕
出版发行	国际文化出版公司
经　　销	国文润华文化传媒（北京）有限责任公司
印　　刷	雅迪云印（天津）科技有限公司
开　　本	700 毫米 × 980 毫米　　16 开 12 印张　　400 千字
版　　次	2023 年 12 月第 1 版 2023 年 12 月第 1 次印刷
书　　号	ISBN 978-7-5125-1594-9
定　　价	118.00 元（全四册）

国际文化出版公司
北京市朝阳区东土城路乙 9 号　　邮编：100013
总编室：（010）64270995　　传真：（010）64270995
销售热线：（010）64271187
传真：（010）64271187-800
E-mail：icpc@95777.sina.net

傅首尔童书团队

多乐尔
Happier

知名作家、辩手傅首尔带领的原创童书团队。倡导“好好读书，好好生活”。致力于为少年儿童创作有价值观、有方法论、有趣味、有温度的多维度好内容。

总策划

傅首尔

出生于安徽省宣城市泾县，作家、辩手，同时也是一个母亲。自 2012 年起出版多部小说、随笔集；2020 年，获得《奇葩说》第七季总决赛冠军，“BBKing”称号。经常在节目和文章中分享自己与孩子“多乐”的有趣交流，以鲜活、真实的观点和独到的育儿见解深受妈妈和孩子们的喜爱，被观众和网友亲切地称为“傅妈”。

序

我叫满天星，就职于女孩成长部。这是一个不为人知的组织，所有工作和活动都是秘密进行的。但有一点我可以透露，那就是无论哪种工作形式，我们的任务都是帮助每个女孩，让她们健康快乐地长大。

巧合的是，我就职后的第一个任务目标，就是我的表妹，小叶子。

小叶子今年刚上小学四年级，是一个善良敏感的小姑娘。由于身份的便利，我决定潜入小姨家，“埋伏”在小叶子身边……

这本手账是我的工作档案，详细地记录了我和小叶子之间讨论过的所有话题。这可是机密中的机密。

欢迎你打开这本手账。那些萦绕在心头的疑惑、说不出来的心情和无法解决的问题，在这里，你都有可能找到答案。

嘘，我的任务已经开始了——

多说几句

这是我工作记录的第四部分，这一部分非常重要，因为这一部分和安全有关。我们经历了很多突发事件，一步步识别出了身边的危险，提升了自我保护的能力。

目录

01 识别性侵害：及时告诉大人

拒绝过分的触碰

这件事一定不能告诉父母

如果有人对你说，这件事情一定不能和大人说，请警惕，这就是危险的信号！把孩子带入封闭、狭小的空间，和她们约定所做的事不要告诉大人，是犯罪分子经常用的手段。因为他们知道自己犯罪了，所以非常心虚，千方百计想隐瞒这件事。

所以，当任何人对你说“这个事情不能告诉父母”这样的话时，请你一定要警惕，并快速逃离现场。事后一定要和父母说，并尽可能地还原事情发生的经过。

这次幸亏你及时告诉我事情原委，不然小铃兰接下来可能还会遭到更危险的侵害。

小的时候，我们没有太强的隐私意识，但是现在长大了，对于身体的隐私部位我们要学会保护。在公共场合，我们不能轻易露出隐私部位。比如，当我们在学校需要穿脱衣服时，应该到厕所或者比较隐秘的地方。如果身边有人想围观，请你明确告诉他们，我们在换衣服，请你们立即离开！

如果隐私部位不舒服，第一时间先和妈妈说，让妈妈帮忙检查，看看是否需要就医。如果医生要求检查你的隐私部位，请一定要在家长的陪同下进行。

对于陌生人的防范，我们可能做得比较到位了，但有时候，危险分子也会潜藏在我们认识的人当中。

画里的小茉莉，完全没有一个女孩童真的模样，反倒有一丝早熟的“女人味”。

我立刻联系了小茉莉的父母，并让她父母与美术班沟通。

没过多久，这位“美术老师”就被辞退了。

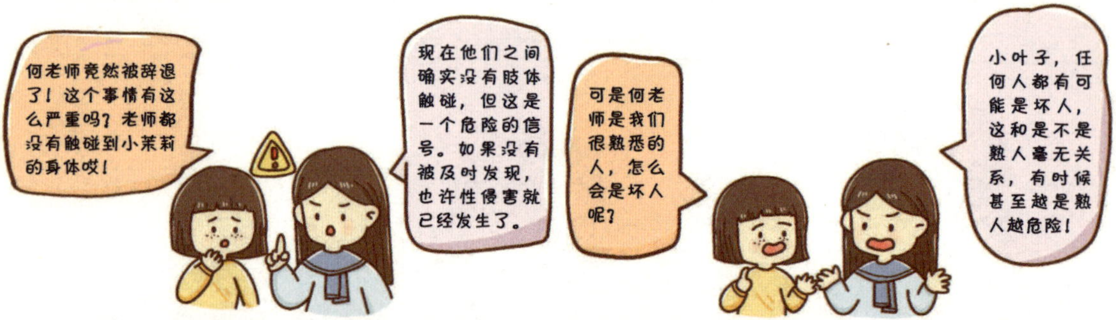

性侵害也可能发生在熟人之间

我们对于熟人的定义很广泛，有老师、亲戚和朋友，甚至还有自己的父母。这些标签会让我们放下警惕，用一种自以为安全的“安慰”来告诉自己，他们不会伤害我。

当一个坏人想做坏事的时候，他会先从身边人下手，因为在固定思维中，大家会对熟人放松警惕，所以坏人就会更容易得手。无论何时，请一定保持警惕，不能因为对方是熟人就掉以轻心。

我们身边亲近的人会自然而然和我们有一些亲密的举动，如果我们觉得不舒服，就要注意起来，分辨一下对方是不是故意的。

如果他们只是在用自己的方式对我们好，但是不凑巧地忽略了我们的感受，那我们可以直接和他们沟通，真正对我们好的人会愿意倾听我们的声音；但如果他们就是故意的，哪怕明白你不愿意还是会花言巧语地劝说你，或者不顾你的意愿强迫你，那就一定要拒绝并离开，并且事后一定要告诉父母，必要的时候就报警。

这类熟人有时候会是那种看起来很好的人，对你有一定帮助或者在外人看来是很慈祥的长辈，但如果他让你不舒服了，或者侵犯你了，我们一定要勇敢揭露他的伪装，用法律的武器保护自己。

我的一个朋友，她小时候在当地的一家有名的书法机构学习，机构的老师是一名德高望重的老书法家。妈妈告诉她一定要听老师话，这个名额非常难争取，所以她也很乖巧，每次上课都很认真。那位老师看起来是一个和蔼可亲的老爷爷，很有耐心，也很细心。有一天，爷爷说她的字写得没有力道，说要给她“发发功”“传授一些真气”。当时我的朋友才10岁，完全没有这方面的警惕意识，于是就同意了。这时书法家突然将她的脸扳了过去，突然就开始亲她的嘴巴！她那一瞬间觉得特别难受和不对劲，吓得从椅子上跳了起来并尖叫。书法家大声呵斥，说她“不成体统”，让她滚出教室。她吓得拿起书包就往家里跑，边跑边哭。

回到家因为害怕被爸爸妈妈批评，她也不敢说发生了什么，那位老师自然也就有恃无恐地将她从书法班开除了。她只能忍受着妈妈的指责，祈祷事情快点过去，再也不用面对那位书法家。于是真相就这么被掩盖了很多年。

后来等她学习了这方面的知识，终于明白，这就是性侵害，顿时觉得有些自责，自己应该更勇敢一些的，于是她向父母说出真相，并报了警。因为这个老师肯定不只对她一个人下过手，班级里还有很多女孩，很难说是不是都遭遇过性侵害。公安机关经过调查，让坏人受到了惩罚。

我们有权利拒绝任何让我们感到不舒服的行为

我们喜欢爸爸妈妈温暖的拥抱，也喜欢善意的朋友与我们手挽手，一起上下学。这样的身体接触，我们会感到身心舒畅。

但是有一些触碰，哪怕是时间很短，都会让我们本能地觉得不舒服。这个“不舒服”就是身体给我们的信号，我们要抓住它。也许在现在这个年龄段我们还不知道为什么会不舒服，但是我们要相信这种本能的反应，及时行使拒绝的权利。而且事后要告诉父母，请父母帮忙判断和处理。

“自己的身体自己说了算，触碰我要经过我的允许！”

安全笔记

1. 警惕别人把你带进狭小、封闭的空间；
2. 拒绝让别人没经过你的允许，就触碰你的隐私部位；
3. 警惕有人和你约定“这件事不要告诉大人”；
4. 拒绝“免费的午餐”和蝇头小利的诱惑；
5. 对于认识的人也要警惕，注意他们对你的行为；
6. 当你觉得被别人碰不舒服时，无论对方性别是男是女，无论他碰了你哪个部位，你都有权利拒绝！

02 对付恐吓：不向威胁和恐吓妥协

恐吓只有0次和无数次，不要轻易妥协

被别人抓住把柄后受到威胁，的确会陷入左右为难的境地。我非常理解你当时的心情，在学校被老师批评，本来就不是一件开心的事情，自然是不想让爸爸妈妈知道的。但是如果这个成为别人威胁恐吓你的资本，我们就要好好想一下要怎么做了。

可能你会觉得就是一盒巧克力，这次就吃点亏吧，总比让爸爸妈妈知道好，但是首先，如果你第一次让别人威胁成功了，接下来他会拿着这个把柄一而再，再而三地威胁你，因为他知道你会妥协、退让，所以会更加有恃无恐；其次，你害怕让爸爸妈妈知道，其实是害怕被批评，但是做错事本身就是要承担后果的，只有承担了后果，这件事情才会过去，否则它会一直埋在你的心里，成为一道过不去的坎。只有你勇敢地面对错误，别人才没法以此要挟你，你才能坦坦荡荡地往前走。

所以，面对这种情况，最好的解决办法就是，你自己和爸爸妈妈主动说。不要害怕犯错，也不要害怕批评。

别让恐惧占据大脑，尽力保持冷静

当语言恐吓发生时，我们不要总习惯性地预设最糟糕的结果，而要尽力保持冷静，全面思考问题，找到最佳解决方案。

当二强威胁你的时候，你的第一反应一定是害怕的。因为你很担心爸爸妈妈会责备你，不过仔细想想，第一，爸爸妈妈真的会责备你吗？第二，爸爸妈妈的责备有那么可怕吗？只要仔细回忆一下爸爸妈妈过往的行为，你就会发现，后果其实可能没那么严重，只是恐惧让你把它想得那么可怕。

如果后果十分严重，那么这也不是你能独自承受的情况了，就更要联系父母或老师，寻求他们的建议和帮助。

当语言恐吓升级，一定要及时采取措施保护自己

当语言恐吓上升到人身攻击或者肢体冲突时，请立刻逃离现场或者求助身边人，事后也一定要告知父母并报警。

二强这个事情还不算太严重，他的威胁也仅仅是馋你的巧克力而已。但是还有一些恐吓是非常危险的，碰到这种情况的时候，一定要逃离、求救、报警，采取任何可能的方式保护自己。

比如我小时候就曾经遭遇过那种“街边借钱”。

那天我放学回家，有一个人向我走了过来。他很和善地问我：“你是某某小学的吗？”我说：“是呀！”他笑着说：“我也是这个小学毕业的，我是你的学长呢！”

我笑了笑，准备与他告别，走向公交车站。没想到这个“学长”竟然挡住我的去路，对我“言辞和善”地说：“学长没钱了，你借我点钱，让我买几个包子吃吧！”我当时脑子“嗡”的一下就停滞了。这哪里是借，这就是抢劫！

我脚都发软了，因为我书包里刚好装着300多元的班费。我只能强忍着害怕和心虚说：“我身上没有钱……”

“学长”继续笑着对我说：“没钱啊！这样吧，我现在搜你的身，搜出一毛钱，我就打你一个耳光，怎么样？”

我完全吓坏了，而且我能够明显感觉到我的身体在发抖。我的喉咙像是被什么东西堵住了一样，完全发不出声音。我眼睛直勾勾地盯着他，他也恶狠狠地看着我。最后可能僵持的时间有些长，“学长”有些不耐烦了，于是伸手准备拉我的书包。

在他碰到我的一瞬间，我尖叫一声，然后不知道从哪里来的力气狠狠地推了他一把，他一屁股摔在地上。我像疯了一样，一边高声喊着救命，一边用最快的速度向车站奔去！

由于我的叫声过于惨烈，很多附近的叔叔阿姨爷爷奶奶们都来帮忙，那位“学长”本来还在追我，但是一看大人们都来了，立马就逃了。大家好心地帮我报警，并且联系上了我的妈妈。妈妈向学校反映后，警察和保安经常在这一带巡逻，后来再没发生这样的事情。

安全笔记

1. 不要向威胁和恐吓妥协；
2. 坦诚面对自己的错误，不让自己的错误成为别人要挟你的把柄；
3. 碰到威胁时，及时告诉老师、家长，让他们帮助你解决问题；
4. 如果恐吓和威胁上升到人身攻击或者肢体冲突，一定要采取措施保护自己：逃离危险境地、向周围人求助、联系家长并报警。

03 提高警惕：识别潜藏在身边的危险

上次我们说到，熟人也可能会对孩子发生性侵和性骚扰。其实除了这些，还有一些常见的发生在熟人之间的不良案件，我们也要加以注意。

盗窃

哎，好像钱少了，
我刚才记错了吗？
小茉莉的妈妈出来后，点了点钱数。

小茉莉，你确定自己没看错吗？
我确定，他一定是偷拿了。
那你没有告诉你妈妈吗？
我没想好。唉，我妈妈和我舅舅关系特别好，她经常说我舅舅以前为了她吃了多少苦，所以她对表哥也很好，我怕告诉他们了，我妈就会和舅舅闹矛盾。
可是如果你没有告诉他们，那你表哥很有可能会误入歧途，那样对你舅舅来说，会更难过。当然，你可以先和你妈妈商量一个好的方法，既能最大限度保护你表哥的自尊心，又能引导他认识到错误并道歉和改正。
“不能因为是熟人就法外开恩，一定要让盗窃者得到相应的教育或者惩罚。”

虐待
小叶子，你知道吗？隔壁社区有个女孩在家被虐待了！
什么？是她爸爸妈妈打的吗？
不是，那个孩子为了上学方便寄住在姑姑家里，孩子的爸妈工作忙，每次都是周末把孩子接回去。结果前几天，偶然看到孩子身上有伤，这才发现了这件事。
天哪，为什么她之前不告诉爸爸妈妈呢？
她不敢呀。她知道自己爸爸妈妈工作忙，姑姑愿意周一到周五照顾她，能给爸爸妈妈省很多事。而且她说姑姑平常对她挺好的，就是每次心情不好的时候才会打她，打完又会对她很好，给她买很多好吃的。
听起来好复杂呀。
是的，熟人之间的虐待案很多都像这样，掺杂着各种各样的情感和纠纷，但是无论如何，被虐待的事实不会改变，如果遭到虐待，一定要积极地寻求外界的帮助。哪怕施虐的人是自己的父母，也不能忍气吞声。
“不能因为是熟人就忍气吞声，家庭暴力也是犯罪，应该接受审判。”

拐卖

①哪怕是爸爸妈妈的朋友，想要带你走或者给你东西吃也要经过爸爸妈妈的允许；

②玩的时候要注意有没有离开爸爸妈妈的视线范围；

③如果有人允诺带你做一些爸爸妈妈不让你做的事情，不要轻易被诱惑；

④邻居拜托你帮忙的话要告知家里人，让家里人问清楚有什么事是大人不能做而需要小孩子做的；

⑤去亲戚家里玩必须让爸爸妈妈知情或者陪伴。

“不能因为是熟人就掉以轻心，识别拐卖信号，不要轻易离开熟悉的环境。”

跟踪

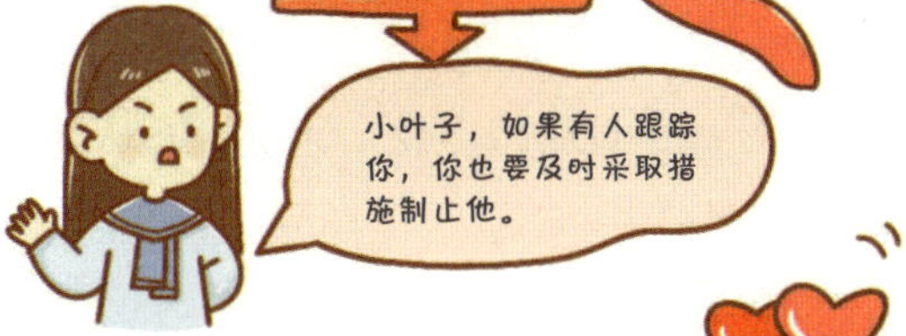

记得我小时候，妈妈朋友家的儿子经常来我家做客。因为是熟人的关系，两家人会经常开玩笑说：“你们在我们肚子里时就结下娃娃亲啦！”

后来慢慢长大，我记得是大概五年级的时候，这个男生就说很喜欢我，反正我们是娃娃亲，以后你也要嫁给我的，所以他想每天送我回家。我当时就明确地告诉他不用陪着我，我很不自在。结果没想到，他竟然天天跟着我！

开始的几天我用最快的速度跑回家，想甩掉他，结果他也跟着跑。后来我就和几个女生一起结伴回家，没想到他还是跟着。我只好告诉了妈妈，妈妈直接联系了这个男孩的父母，才把这个问题解决掉。

我很庆幸当时我不光求助了父母，还找来我的小伙伴们帮我做证。我们详细地叙述了这些天男孩对我的跟踪，所以父母对于情况也有了更多了解。虽然我知道就算没找同学做证，爸妈也会相信我，但是如果有了证人，这件事会更加引起重视，更快得到解决。

“哪怕是认识的人，也不要纵容他侵犯你的个人隐私。”

打探隐私

现在是信息时代，我们要格外注意保护自己的隐私，如果有熟人想通过你打听到你家的隐私，请直接说不知道，让他问你的爸爸妈妈。

例如，这些人可能会问：

你爸妈几点下班？

家里有哪些物品？

最近有没有出去旅游的计划？

妈妈平时会戴首饰吗？

等等。

只要涉及家庭情况或者父母，你都可以直接回：“你直接问我爸妈吧，我不是很清楚！”

如果是对于你的询问，比如“你周末要做什么？”“你考了多少分呀？”等，你可以选择性回答，也可以直接说：“不好意思，我不是很想说，麻烦你别问了。”

安全笔记

1. 熟人不代表一定安全；

2. 警惕熟人作案，包括盗窃、虐待、拐卖、跟踪、打探隐私等方面。

“熟人作案前会打探隐私，不要随意泄露家里的人员组成、财产、婚姻状况等信息。”

04 慎用网络：警惕网络里的危机

保护自己的肖像隐私

现在有很多手机软件都会以看起来很好玩的方式获取你的隐私，尤其是你的肖像隐私。我们要注意，绝对不能将自己的自拍或者家人照片随意上传到任何 App，也不能随便发给陌生人。

这次好在有惊无险，妈妈联系上了你，没有任何损失。但我们绝不可掉以轻心，坏人会用你上传的照片做很多你想不到的违法的事情，除了制造假消息骗取你家人的钱财，还可能用你的照片进行虚假广告宣传等，经常会有不注意的人在收到警方的调查时，才发现自己的信息被冒用了。所以我们将照片上传到网络或者发给陌生人时，要特别慎重，因为你无法预测他们会拿你的照片去做什么。

除了 App 和网站，还有一些社交媒体，我们发布照片的时候也要小心，不要暴露照片拍摄地的具体位置。曾经我有一个朋友，没有注意这一点，就被一个陌生人找到了，还被这个人骚扰，最后报警才解决了这件事。

小叶子这边的危机刚刚解除，她的好朋友小花椒那边又出了麻烦事。

保护手机号和证件信息，警惕输入验证码

我们在使用软件、浏览网站的时候，凡是碰到让我们输入手机号码和验证码的指令，我们都要保持警惕。如果是正规软件的注册，有老师、家长、朋友的经验可以参照，那我们可以提供这些信息；但如果涉及了金钱或者你的其他隐私，一定要征求父母的意见，在他们的监督下进行操作。

现在，银行转账、身份确认都需要验证码。所以每一次发送的验证码短信上都会告诉你，此验证码不可与他人分享。有时候你以为自己只是在买一件游戏里的衣服，但犯罪分子会偷梁换柱、篡改链接，利用你给的验证码盗取你银行卡里的大量钱财。

不要随意加入网络上的陌生组织

如果遇到像这样打着给你发福利的名号，邀请你加入不知名群聊的情况，我们也要保持高度警惕，甄别信息的来源和可靠性，谨防陷阱，避免自己被犯罪分子利用。

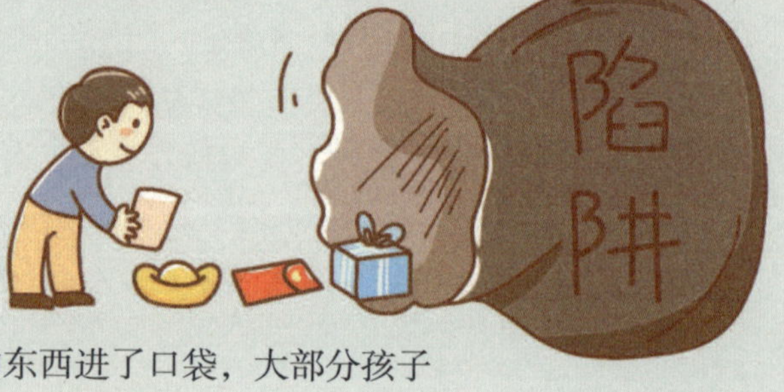

这次幸亏小叶子及时刹车，不然后果不堪设想。网络上的一些犯罪分子非常恶毒，专门挑小孩子下手。最开始都会让大家尝一些甜头，比如发红包、充话费，有的还会直接寄礼物到学校。看到有实实在在的东西进了口袋，大部分孩子

就会放下防备心，更加认真地完成“任务”。但是接下来任务就会逐渐升级，逐渐向违法犯罪的方向逼近。有些是让你伤害别人，还有些是让你伤害自己！如果你不照做，他们就会用威胁、恐吓的手段来逼迫你就范。那个时候，大部分孩子不仅心里害怕，还不敢告诉父母，逐渐步入孤立无援的境地，性格变得偏激，无暇顾及学习，甚至有人会选择结束自己的生命。

所以，碰到这种情况，一定要意识到它背后可能存在的陷阱。如果自己就能分辨是非，那就直接把这些危险掐灭——对于陌生人的消息一律不回，对于陌生的邀请一律不接受，拉黑和举报骚扰信息；如果碰到自己无法甄别的情况，那就告知信任的人，比如父母或者老师，让他们来帮忙处理。如果你或者你的朋友已经身陷其中，也不要害怕，相信一件事：一切都来得及，一切都会有转机。保持冷静的头脑，第一，不要做任何违法的事情；第二，告知父母，联系警方，相信警方会有办法把你们解救出来，也相信他们会严厉打击犯罪行为，让犯罪分子得到应有的惩罚。

安全笔记

1. 不能将自己的自拍或者家人照片随意上传到任何 App、随意发给陌生人；
2. 哪怕是在常用的社交媒体上，也注意不要随意暴露照片拍摄地的具体位置；
3. 保护手机号和证件号信息，警惕需要输入验证码的程序指令；
4. 天下没有免费的午餐，不要轻信会给你金钱或礼物的邀请，不要随意加入网络上的陌生组织。

05 当心亲密关系里的陷阱：不做言听计从的老好人

小莺尾看似处处为你着想，其实话里话外都在打压你、否定你。

她评价你手抄报画得不好看，让你重新画，实际是让你帮她完成了作业；50 米短跑选拔，她嘴上说着“让着你”，实际上可能根本没你跑得快。这样一来，就算你赢了，也好像胜之不武；选饰品这件事就更明显了，每个人都有自己的审美，她却用“别人会笑话你”的压力让你顺从她的意思。

长此以往，你自己的特色和想法会一点点泯灭，只会相信和拥护她的想法。好好想想，你真正喜欢的是什么呢？

小心那些被包装成“善意”的打压

当一些贬低、否定的语言，包裹上“为你好”“是帮你”的糖衣炮弹，就会让人卸下防备，相信对方给自己的差评是出于善心，出于真诚的。渐渐地，你就会毫不犹豫地认同对方指出的你的“不足”，对自己产生怀疑，这种怀疑就像一只操控你精神的小手，把你一步步推向不自信的深渊。

这并不是危言耸听，也不是让你对所有人释放的善意都产生戒备。

我只是想告诉你，当你察觉到自己被否定了，先不要急于迎合对方的观点，或者一棒子打死，认定对方就是在贬低你，而是要去关注这个“被否定的事件本身”，像她说的那样，“改正”真的对吗？我真的会进步吗？

正直的朋友，也会给你当头棒喝，让你悬崖勒马。但她的指责像一把光亮的手术刀，一时的刺痛换来绵长的治愈。

我们要警惕的，是充满恶意的打压，它就像一把生锈的短刃，一寸寸消磨你的信心，一点点削弱你的主见，让你深陷其中，疲惫不堪。

亲密关系中也需要理智，不能毫无底线地帮忙

在一段亲密关系中，我们可能会迷失自己，如果对方利用你的心软，让你帮忙，你是否还能保持应有的理智？

“我们这么好的朋友，你就帮我吧……”

“我都是为了你才没有……你说你要不要帮我吗？”

在听到这样的话时，你可能第一反应会被“朋友”这个词迷惑住。朋友不就是应该两肋插刀、挺身而出的吗？朋友不就是应该讲义气、重情义的吗？朋友有求于我，难道我好意思拒绝吗？

丁零！请你保持清醒。即使是最亲密的朋友提出帮忙的请求，也一定要判断，这个请求到底是不是违背了你的意愿，或者违反了道德与法规。答应之前，先把省略号里对方提出的请求听完。

朋友请求你去偷东西，你去不去？不能去，因为这件事本身违反了法律。朋友说借你的作业抄一抄，你借不借？不能借，因为这件事违背了道德规范，并且还会间接害了她。

很多青少年犯罪的发生，都不是主观意愿上想要实施犯罪，他们大多是受到了旁人的教唆，而这不怀好意的教唆有时候却来自那个最信任的朋友。

大部分的友谊都是纯洁美好，互利互惠的，但是万一别人对你提出了不良请求，也请你保持清醒客观，守住自己的底线。帮忙可以，但是不帮同流合污的忙。

有自己的独立人格，没有谁是你的主导者

亲爱的小叶子，我们终其一生都在完善自己的独立人格，这不仅让我们拥有独特的魅力，还让我们能在纷乱复杂的事件中，保持自己的独立思考与判断。

你经历的每件事，看过的每本书，都在帮你构筑一个更完整的自己。你就像一个透明的玻璃瓶，随着你一天天成长，里面会积满许多小贝壳。当你把象征着美好品质、辩证思维、宝贵经验的贝壳装进去以后，一个清醒独立的小叶子就慢慢长成了。

这是一个漫长的过程，也是一个终身学习的过程。在这个过程中，你将不再被某一段亲密关系所捆绑，也不再被某一件事情所定义。你会看见更加丰富与客观的世界，会更加信任自己所选择的路，会更加坚定地向着自己的目标前行。

安全笔记

1. 小心那些被包装成“善意”的打压；
2. 亲密关系中也需要理智，可以帮助别人但绝不是毫无底线地帮；
3. 保护自己的独立人格，不让其他人成为你的主导者。

06 识别不良组织：警惕抱团行为

最近，小叶子的好友圈好像出了点问题。

不要盲目从众

不要因为别人怎么做的，就自己也一定要怎么做。如果要加入一个小团体或者组织，我们要思考这么做的意义是什么。

这个团体是为了什么而建立的呢？为什么大家都要加入这个团体？这个团体对我的发展有什么帮助吗？我为什么需要服从别人制定的规则？这个规则合理吗？

不要被这种“大家一起”的氛围迷惑，不然我们很有可能会被他人利用或者掌控。

抱团排挤是典型的校园霸凌，我们不能助纣为虐

如果学校里有这样的组织，一些同学因为莫名的理由集合在一起，又利用某种势力或采用某种手段，排挤与自己不和或自己不喜欢的人时，我们一定要认清楚，这就是校园霸凌团伙，是不能容忍的。

无论以什么样的理由，抱团排挤其他人，就是不对的，绝对不可以成为风气。每个人都可以有自己的性格和喜好，可以对不同的人有不同的喜欢程度，但如果仅仅因为不喜欢某个人就欺负他，甚至号召其他人一起欺负他，那就是校园霸凌，是一种严重伤害别人、不能被纵容的行为。碰到这种事，我们不仅不能助纣为虐，还要努力帮助被欺负的人，反对这种组织的存在。

我理解这个小水仙可能是一个很有号召力的女孩，你们都想和她交朋友，但如果友情变成了像这样用“车票”维系的不平等关系，那它本身就是没有价值的，不值得你投入感情。更何况小水仙还把这种号召力用在维护自己的利益、侵害别人的利益上，这是一件很恶劣的事，她应该被好好教导，根本就不值得被你们追捧。

识别霸凌

小水仙不喜欢小铃兰，所以就让水仙派的女孩们都不要和小铃兰交往。

这就是一种霸凌行为！

你和小铃兰只是说了几句话，小水仙就不让水仙派的女孩们和你一起玩。

这也是一种霸凌！

她们没有权利来主导你们和谁交往，这本来就是你们的自由，同学之间的友谊也不应该用这种手段来获取。

面对排挤，不要害怕，积极寻求帮助来对抗它

如果这种组织规模比较小、排挤程度比较轻，比如只是某几个人不和我们说话，那我们可以无视它，继续过自己的生活。毕竟班里还有其他同学呢，不用只盯着一棵树。

但如果这种排挤比较严重，比如我们和某个同学一起玩，他们就集体孤立我们、无视我们、欺负我们，让我们的正常生活受到影响，那我们就要积极展开自救。先告知父母，和父母商量对策，再告知老师，让学校来处理。

正确区分正能量组织和霸凌小团体

正能量

如何区分一个小团体是积极正面的，还是消极负面的呢？其实只要看这个组织的成立动机是否正面、组织活动是否阳光就行。

思考一下，你想成立“茉莉香叶派”是为了打倒“水仙派”吗？如果答案是肯定的，那么我想说，你这个团体成立的动机不纯，没什么必要“以暴制暴”。但是如果你是想团结更多的同学，发掘同学潜在的优点，大家在学习和生活上互帮互助，那你这个“派”就很有意义！

安全笔记

1. 不要盲目从众，如果要加入一个组织，思考这么做的意义；
2. 抱团排他利己是一种霸凌行为，不应该被提倡；
3. 面对抱团排挤，既不能让自己被伤害，也不能冷漠旁观别人受伤害，要积极寻求家长、老师的帮助来保护自己，保护别人；
4. 正确区分正能量组织和霸凌小团体，好的团体是会帮助每个人健康发展的。

给组织的一封信：

以下是工号116满天星的工作汇报。

小叶子成长项目已经进入尾声了，非常幸运，这次任务执行得很顺利，小叶子的健康成长指数已达标，并逐渐展现出自主提升的趋势。

唯一有点小状况的是，在结束的时候，小叶子发现了这本工作手账。

所以，这本手账里有不少她“强行”参与的痕迹，希望组织看在任务成功的分儿上，不要责罚我。

小叶子说，她长大了也想申请进入组织，不知道组织是否有青少年预备役？

期待组织回信，116号非常期待下一项任务。

工号116，满天星

所以，你找到小叶子留下的痕迹了吗？

留心观察，可能这些痕迹会指向一些线索——帮你找到你身边潜藏的那个——女孩成长部的特工。

你要相信，我们一直在关注你的成长，这本手账只是一个开始，我的宝贝，我们会一直陪伴你，

直到你奔赴充满希望的未来。

灿烂年华，一起前进吧！

在这里，
开启你的成长记录吧！

目录

01 王贞仪

“她是谁？她是做什么的？”

行万里路

王贞仪 11 岁到 16 岁时，几乎游历了大半个中国，在游历期间甚至学习了骑射等本领。后来她在诗中畅言：“忆昔历游山海区，三江五岳快攀途。足行万里书万卷，尝拟雄心胜丈夫。”正是这些旅途，赋予了王贞仪丰富的阅历和过人的胆识，让她在做研究时视野更加开阔、方式更加大胆。

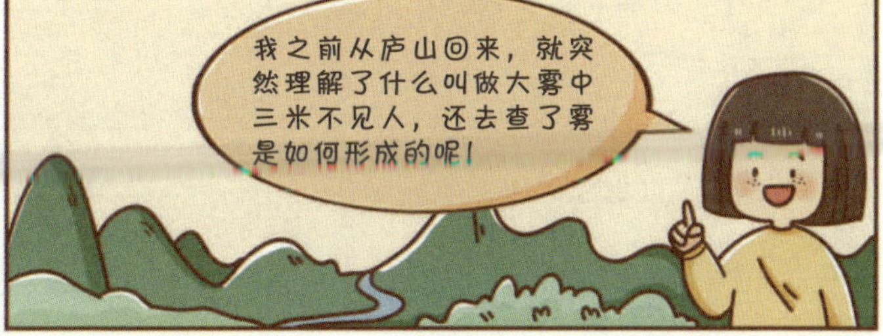

读万卷书

王贞仪的祖父去世后，留下了大量藏书，其中不少都是关于张衡、祖冲之等科学家的著作。王贞仪有幸阅读了这些书，并激发了自己对天文和数学最初的兴趣。后来她游历归来，更是沉浸在古今中外的书籍中，为自己的研究积累了充足的知识和前人的经验。

开眼看世界

清朝是闭关锁国的年代，哪怕是能最大限度接触西方科学文化的皇室贵族，也仅仅是对西方的一些实验工具感兴趣，但也往往把玩一阵就抛到一边。王贞仪却不一样，她对世界上正在发生的事情、正在进行的研究都极为感兴趣，以一种远超时代的开放心态吸纳着来自全世界的知识与信息。

实验鉴真理

辩证思考的能力和求真务实的品质，是王贞仪身上最宝贵的特质。

虽然她乐于吸纳西方知识和前人经验，但对于这些东西从不盲目认同，总是以事实和实验推演为依据，得出自己的结论。

而当她沉浸在其中时，连母亲叫她吃饭都听不到呢。

王贞仪——

开眼看世界，实验鉴真理，一名远超时代的女性科学家

02 弗里达·卡罗

“她是谁？她是做什么的？”

弗里达经历过种种磨难，小儿麻痹、车祸、生病、残疾，身心的苦痛几乎伴随着她的一生，也因此，如何接纳自己成为她终生探寻的命题。

画第一幅画时，她刚刚经历车祸，为了挽回恋人，她在画中极力表现着自己的“女性魅力”；而画第二幅画时，她已经逐渐摆脱他人评价的地狱，努力正视和接纳最真实的自己。

到后期，弗里达的画中总是毫不顾忌地展露被认为是“男性特征”的唇毛和粗糙的皮肤，也正是这种大胆而犀利的风格，让她广受时尚界的追捧。

这些画是她的自传，也像是她的呐喊，像是她把真我晒在阳光下，直视最锐利的评价，不屑地说：“那又怎样呢，这就是我。”

弗里达·卡罗——
一字眉，小胡须，用自画像展现真我的女权主义画家

03 梅艳芳

梅艳芳热爱舞台，尊敬舞台，她属于舞台，舞台也属于她。

出道以来，她斩获无数荣誉，是目前为止唯一一位同时荣获香港电影金像奖影后、金马奖影后、金针奖的艺人，是当之无愧的全能天后。

而荣誉背后，是她勇于尝试、不断突破的演艺精神。

梅艳芳出道时的演艺圈，流行的是温婉或甜美的风格，可是她和团队里的人并不觉得这样的风格是适合自己的。因此，无论在造型上还是表演方式上，她都积极探索，大胆尝试，不断变换风格，顶住争议声和压力取得了巨大的成功，一次次带给观众惊喜，燃爆舞台上的火花。

她对舞台这样执着，哪怕生病了、受伤了，哪怕社会面临“非典”疫情，哪怕自己到了生命的最后一刻，也没有放弃过任何一个站上舞台的机会。

人们对她最后最深刻的印象，依然是在舞台上。

她身着婚纱，把自己嫁给舞台，跟大家说了最后一声：“拜拜。”

台下

而台下的梅艳芳，依然是无比美丽的。

她热衷公益，真诚待人。在业内提携新人，在社会上为劳苦大众谋福祉。

她利用自己的影响力，组织过多次慈善晚会和募捐活动，在“非典”最严重的时期，还克服重重困难，邀请了众多巨星参与演唱会，不仅募集到了巨额捐款，而且大大鼓舞了人们的士气。

梅艳芳做公益从来不是为了噱头，她在力所能及的范围内总是亲历亲为，亲身接触社会的每一面。愁苦、绝望、悲伤、无奈，同样出身疾苦的她搭上了一艘幸运的船只可以远离这些不幸，但她却没有选择对这些还存在的声音置之不理。她为心中的正义和信念奔波，做自己认为正确的事，直到生命的最后一刻。

梅艳芳——

台上魅力四射，台下真诚待人，为热爱付出一生的百变天后

04 露丝·巴德·金斯伯格

“有时人们会问我，你觉得最高法院有几名女性大法官才足够?
我会说，当所有九名大法官都是女性时就够了。
人们听后往往很震惊。
可是，在过去的历史中，九名大法官曾全是男性，却没人对此感到震惊。”

我们所争取的不是特权，我们所要求的仅仅是让男人把他们的脚，从我们的脖子上拿开。

——金斯伯格

几十年前，美国女性的地位还很低，常常被认为是男性的附庸，应该结婚生子、操持家务而不是出去工作。大多数女性都没有机会和条件接受更好的教育、实现自己的理想，法律中也存在着大量歧视女性的条例。

而在这样的环境下长大的金斯伯格，目睹和亲身经历了其中种种不公的境况，自然也在从业后开始用自己的力量为女性争取权益。

但她没有参与激进的抗议活动，而是选择用一个又一个具体的案件改变女性的命运。其中最著名的案子，当属“弗朗蒂罗案”。

弗朗蒂罗案

1973年，弗朗蒂罗加入了美国空军。她发现，她的男同事只要已婚，都能获得住房津贴，自己却没有。当她向财务部门提出异议，却依然没有得到应有的待遇。弗朗蒂罗不甘于被不公正对待，找律师决定诉讼。

金斯伯格帮助她进行了诉讼。

在法庭上，她面向全男性法官，精准阐释了女性作为“二等公民”的生存体验，最终艰难赢下了这场诉讼。

后来，一同参与诉讼的人形容那一刻：

“大法官们已全然被她所吸引，我认为他们完全没有料到会面对这样铿锵有力、包罗万象的辩论词。他们本想着只是去讨论政府法典中一条微不足道的法规。”

“就好像，我们抓住了一个足以改变美国社会的时刻。”

露丝·巴德·金斯伯格——

用法律力量维护女性权益、推进平权意识，改变了无数女性命运的大法官

05 林巧稚

“她是谁？她是做什么的？”

林巧稚一生接生了五万多个婴儿，因而也被称为**万婴之母**。

她有菩萨心肠，也有钻研精神，更具备探寻问题本质和对应的解决方案的敏锐嗅觉。

想要解决问题，有时候需要找到不同问题之间的连接点。

我们在看妈妈生宝宝的科普片时，发现难产是生育过程中最危险的情况。在以前那个贫困落后的年代，医疗卫生条件极差，很多女性都没有躲过产前产后的危险期。作为妇产科医生，林巧稚自然也对这个问题极为关注。怎么对孕妇做产前检查，如何降低难产率，如何诊断子宫出血等病症，都是林巧稚冥思苦想的课题。但林巧稚对于这些问题的关注并没有仅仅停留在生育阶段，她找到了一个研究的连接点——女性的内分泌问题。

对。你还记得之前我们讨论的月经吗，这就是女性内分泌功能的一种展现。女性身体里的内分泌体系影响多种生理机能，如果一个妇产科医生能够摸清楚内分泌过程中的种种迹象和产生这些迹象的前因后果，就有可能在帮助女性生产过程中，挽救她于危险。

后来，她前往美国，带着自己想要钻研的这个课题踏上了求学和研究之路。

她在美国取得了斐然的研究成果，得到了当地教授和研究人员的高度认可。

但是当研究结束，众人邀请林巧稚留下任职的时候，林巧稚毫不迟疑地拒绝了。

我来这里进修的目的，就是为了回去能办好妇产科，能更好地为我们中国的妇女和孩子治病。我不回到自己的国家里，怎么能够实现我的理想呢？

她不顾国内正在打仗的危险局势，毅然回到了中国。

林巧稚——

万婴之母，以仁慈和智慧开拓中国妇产科学事业的妙手医生

万婴之母，新中国第一位女院士，中国妇产科学的主要开拓者和奠基人

06 何泽慧

“她是谁？她是做什么的？”

何泽慧考学那年，全国各地报考清华物理系的学生有几百人，最终录取的只有28人。而这28人中，加上何泽慧，一共有10名女生。万万没想到，入学的第一天，这10名女生就接到了系里的劝退通知。

不服气的何泽慧立刻找到系主任叶企孙教授，要讨回属于她们的公道。

何泽慧说：“全国几百个考生，我们几个女生好不容易考上了，为什么又不要我们呢？“

叶教授回答说：“学物理是很艰苦的，女生学物理，难以学有所成。“

然而何泽慧丝毫没有被说服，她坚定地回应道：“清华大学的招生简章中，并没有这一条啊。”

就是这句话，让她们10个人暂时留在了物理系。

后来，何泽慧也用自己的亲身经历打破了“女生学物理难以学有所成”的偏见。

1945 年，何泽慧在利用磁云室研究锰–52 的正电子能谱时，从上千张照片中注意到一种近似于 S 形状的奇特径迹。经过仔细分析，她弄清楚了这种径迹原来是正负电子的弹性碰撞过程。

这些发现在当时的核物理研究中具有重大的突破意义，而仅仅接触核物理一年有余的何泽慧可以发现这些，恰恰说明了注重观察的实验核物理可以发挥何泽慧敏锐细心的长处。

她敏锐而细致的观察能力，在科学实验中不放过任何一点异常迹象的探索精神，以及对新现象做出正确分析的本领，也为日后发现原子核三分裂与四分裂提供了支持。

何泽慧——

谁说女生学不好物理？

07 海伦·凯勒

“她是谁？她是做什么的？”

但是，海伦·凯勒在老师安妮·莎莉文的帮助下，凭借艰苦卓绝的意志，学会了读书和表达。她不但考上了大学，还成了一名卓越的作家、教育家和社会活动家。她写下的《假如给我三天光明》感动和激励了无数人，美国《时代周刊》杂志这样评论她：“海伦·凯勒是人类意志的伟大偶像。”

只要不放弃，就有可能在荆棘中劈出道路，在绝境中开出鲜花。

不能看，不能听。

那就去摸，去触碰，去感受。

在海伦·凯勒寂静黑暗的世界中，第一束火花诞生在她摸到水流的那一刻。

那一刻，她的老师安妮在她手心反复比划“water（水）”这个单词。

也是那一刻，她开始明白文字的美妙。

而第二束火花，诞生在她触摸老师喉咙的那一刻。

振动。

她感受到了人们说话时喉咙上的振动。

自那一刻，奇迹开始发生，海伦·凯勒竟然学会了说话。

纪录片中，她在安妮的引导下，一字一字地说：“我、不、再、是、哑、巴、了！”

无论我们生下来是什么样、经历过什么困难，我们都有属于自己的一条路。

哪怕现在看不清，也别轻易放弃，再往前走几步，或许就能摸到那条路上的鹅卵石。

海伦·凯勒——

这世界没有光，那便让自己成为光

08 林徽因

她是谁？她是做什么的？

林徽因是中国现代文化史上一位杰出女性，也是中国第一位女建筑师。她与丈夫梁思成将一生献给挚爱的中国建筑事业，共同开创了中国古建筑研究体系，一起创办了东北大学和清华大学两个建筑系，是中国建筑史体系研究的思想先行者与奠基人。

这些，都是她主导或者参与设计的哦。

她热爱举办沙龙，对欣赏的人无论男女，总是毫无顾忌地表达赞赏并热情地发出邀约。

但这些热烈随性的举动却为她招来一些非议。

不喜欢她行事作风的人，觉得她是交际花，太过享受被人围在中间，隐隐透露出看不起普通女性的意味。

但她明白自己的发心——只有听到来自五湖四海的朋友发出的不同的声音，才能更好地发展自己的文学爱好、补充看世界的多维角度。

因此，她并没有因为这些负面评价而停止自己的活动，反而把这些声音抛之脑后，无所畏惧地做自己喜欢的事情。

她没有女性幽娴的品德。她对于任何问题都感兴趣，特别是文学和艺术，具有本能的、直接的感悟。生长富贵，命运坎坷，修养让她把热情藏在里面，热情是她生活的支柱。喜好和人辩论——因为她热爱真理。但她也孤独、寂寞、抑郁，永远用诗句表达她的哀愁。

林徽因——

无惧外界评价，只为自身热爱的一代才女

09 张桂梅

“她是谁？她是做什么的？”

长期以来，在很多落后的山区，还存在着“重男轻女“或“没钱让女孩读书”的情况。

从家乡来到华坪县的张桂梅，在学校任职期间，就目睹了许多这样的事情发生。“一个学期上着上着，经常会有女孩从课堂上消失。”

张桂梅不愿意看着她们失去念书的机会，总是一个一个去家访，想要把她们找回来。

当促进女孩读书上学的念头积累成一个心愿，张桂梅便在大山里开办了一所特殊的学校——一所只招收女学生的学校。

从学校的创立，到老师的教学，再到孩子们落下的学习进度，一切都是非常艰难的。

张桂梅咬着牙，凭着一腔朴素而坚定的信念——一定要让女娃能读书，最终筹到了钱，留住了老师，也激发出了学生们拼搏的斗志。

考上大学的孩子越来越多，能够找到一份工作养活自己的孩子越来越多，走出大山的孩子越来越多，改变命运的孩子也越来越多。

张桂梅笑着在采访里说：

张桂梅——

拥有朴素但坚定的信念，为无数大山里的女孩照亮学习之路的女校校长